DELIUS KLASING

Walter Hönscheidt

WIRTSCHAFTS WUNDER WAGEN

Automobile Zeitgeschichte der 50er Jahre

Delius Klasing Verlag

Wirtschaftswunderwagen en miniature: Schuco Ingenico, heiß geliebt, das batteriebetriebene Fernlenkauto, fürs Blitzfoto mit Zeiss-Ikon Nettar 1952 auf dem Küchentisch.

Karnevalsumzug auch im Ruhrpott. Wer wird da in Pappmaché karikiert? Stauder-Pils in Essen: derzeit noch Lokalbrauerei.

engelmann
KAFFEE
Stauder-Pils

Die Käfer-Plage weitet sich weltweit aus. Schon in den Fünfzigern übertrifft ihre tägliche Produktionszahl jede in Deutschland bisher erreichte.

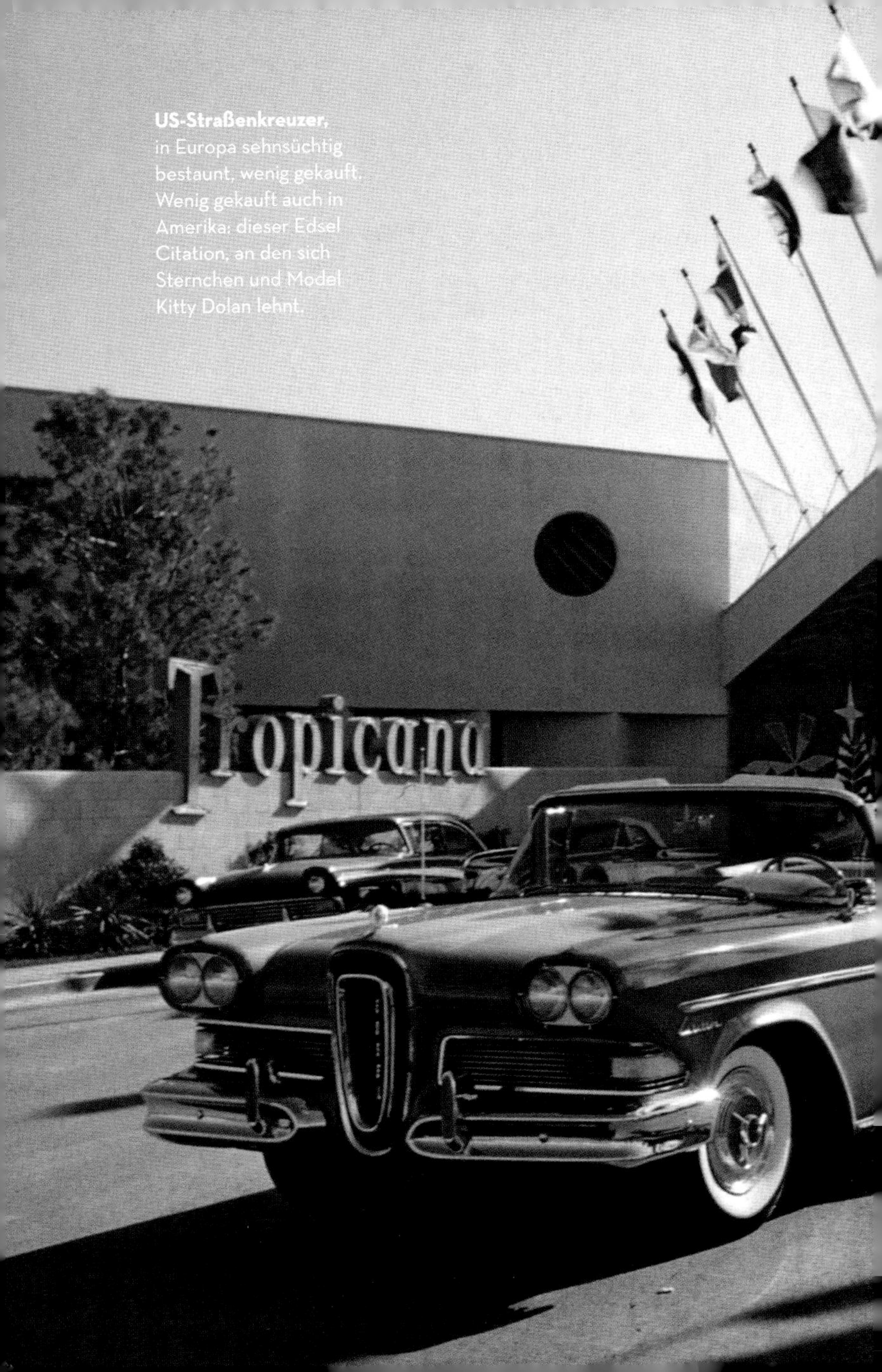

US-Straßenkreuzer, in Europa sehnsüchtig bestaunt, wenig gekauft. Wenig gekauft auch in Amerika: dieser Edsel Citation, an den sich Sternchen und Model Kitty Dolan lehnt.

Automobile Zeitgeschichte:

Das waren die Fünfzigerjahre

Automobile sind mehr als fahrbare Untersätze. Sie sind ein Stück Kulturgeschichte, sie spiegeln Zeitgeschichte. Wir erinnern an alte Auto-Jahrgänge, Träume und Wirklichkeiten und setzen den Anfang in die Wirtschaftswunderzeit. Mit neuen Nachkriegsentwicklungen in der Mittelklasse, aber auch mit in jeder Hinsicht sparsamen Klein- und Kleinstwagen. Heutige Großväter sind zu jener Zeit noch Pennäler, die ihre Augen ebenso gern auf rassige Schönheiten automobiler wie menschlicher Natur lenken. Und damals können sie allenfalls träumen, was sechs Jahrzehnte später vors Auge ihrer Agfabox, Zeiss-Ikon Box Tengor, Zeiss Nettar oder Kodak Retina geraten würde: Straßen-Sportwagen wie ein Porsche, der locker jeden damaligen Rennwagen in die Tasche steckt, Schönheiten am Strand, deren Bikini-Preis umso höher wird, je weniger Textil seine Herstellung benötigt hat.

Im Sommer vor dem Ungarn-Aufstand: drei westdeutsche Damen in braven Badekleidern am sonnigen Grömitzer Ostseestrand.

1950: Wer den Tod nicht scheut, fährt Lloyd, der Papst fährt Lancia, Alfa Romeo präsentiert den völlig neuen »1900«

Zusätzlich zum Normalporto müssen die Westdeutschen seit dem 1. Januar auf jede ihrer Postsendungen eine rechteckige kleine, blaue Zweipfennig-Marke kleben: »Notopfer Berlin«. Bis zum Ende der Aktion wird dies 413 Millionen Mark einspielen. In Wien sind am 13. Jänner nach ungewöhnlich ergiebigen Niederschlägen 96 Auto- und 75 pferdebespannte Schneepflüge damit beschäftigt, die Straßen befahrbar zu machen. Alle im Krieg zerstörten Straßenbrücken sind wieder aufgebaut, und Orson Welles bereitet die Dreharbeiten zu seinem berühmtesten Film vor: »Der dritte Mann«. Aus seinem speziell für ihn karossierten Rechtslenker-Lancia winkt Papst Pius XII. huldvoll der entzückten Bevölkerung zu, wenn er sich während dieses heiligen Jahres zur

Entspannung aus dem Vatikan in seine Sommerresidenz Castel Gandolfo chauffieren lässt.

Nach zehneinhalb Jahren wird die Endverbraucher-Rationierung aufgehoben, meldet die »FAZ« am 17. Januar. Die Bundesregierung habe am Vortag bekanntgegeben, dass die gesamte Lebensmittelbewirtschaftung außer Zucker am 1. März beendet sein werde. Bundespräsident Professor Theodor Heuss spricht dem VfB Stuttgart am 25. Juni seine herzlichen Glückwünsche aus: Mit einem 2:1-Sieg über Kickers Offenbach ist der VfB Deutscher Fußballmeister 1950 geworden. In der sowjetischen Zone wird im September die Kartoffelbewirtschaftung aufgehoben. Der »Volkswirtschaftsplan« fordert die Erhöhung der Kraftfahrzeugproduktion. 1950 werden »drüben« erst 1003 Lkw und 7165 Pkw hergestellt. SED-Propaganda: »Der Aufbau geht so schnell voran, dass keine Lüge folgen kann.«

Aus Dänemark kommt der konstruktive Vorschlag, alle Politiker von Zeit zu Zeit mental untersuchen zu lassen. Die deutsche Stahlindustrie verbucht wachsende Aufträge, aus dem Ausland vor allem für Feinbleche. Doch die Nachfrage kann nur teilweise gedeckt werden, schreibt die »FAZ« in ihrer Ausgabe vom 26. Juli, »da die eisenschaffende Industrie darauf bedacht ist, den wachsenden Bedarf der deutschen Automobilindustrie an Karosserieblechen zu decken«.

»Die Freude über den Anfang ist groß, zumal da die deutschen Wagen als gut und zumindest billiger gelten als die englischen, die sich in den Nachkriegsjahren gern eine Art Monopolrecht im Lande verschafft hätten«, heißt es am 27. Oktober: Nach deutsch-dänischen Handelsverhandlungen haben die Dänen dem Import

Noch langsam, aber vergnüglich mit einer Pferdestärke: Sonntagskutsche vor der Ausfahrt vom Budjadinger Bauernhof zur Kirche in Stollhamm.

von zunächst 2000 deutschen Autos zugestimmt, und »wenn die Valuta-Lage es zuläßt, rechnet man mit weiteren Verabredungen«.

Automobilpionier Carl F. W. Borgward bringt das erste deutsche Automatikgetriebe zur Serienreife. In einem Hansa 1500 mit nun 52 PS, der im Vorjahr erschienenen ersten deutschen Limousine mit Ponton-Karosserie und gleichzeitig der ersten deutschen Neukonstruktion nach dem Krieg, präsentiert er die »Hansamatic« zum Aufpreis von 520 Mark auf dem Genfer Salon der Öffentlichkeit. Dort stellt Borgward auch den neuen Goliath 700 vor. Dessen 700-Kubikzentimeter-Zweizylinder-Zweitaktmotor mit Thermosyphon-Kühlung, verblockt mit Vierganggetriebe und Vorderachsantrieb, leistet zunächst 24 PS und bringt den Wagen auf eine Höchstgeschwindigkeit von 102 km/h. Fortschrittlicher als andere Limousinen dieser Zeit bietet der Goliath ähnlich wie der Hansa 1500 schon eine große Heckscheibe, während der Volkswagen seinen Insassen noch das berühmt-berüchtigte Brezelfenster zumutet. Die Preise des Goliath liegen zwischen 4900 und 5200 Mark. Ein besonders praktisches Detail: Weil die Handbremse dieses Frontantriebswagens auf die Hinterräder wirkt, lässt er sich bei Vollgas im ersten Gang aus dem Stand praktisch auf der Stelle wenden.

In der im Vorjahr von Borgward gegründeten Lloyd-Maschinenfabrik GmbH Bremen beginnt die Produktion des Kleinwagens LP 300 mit luftgekühltem 300-Kubikzentimeter-Zweizylinder-Zweitaktmotor, knapp 10 PS, mit kunststoffbezogener Sperrholzkarosserie. Besitzer »richtiger« Autos bespotten den kleinen Lloyd zwar als »Leukoplastbomber«, Lloyd-Fahrer aber freuen sich über ihr erstes Gefährt mit Dach überm Kopf. Sie haben nur 2800 Mark dafür zahlen müssen und hören vom Jaulen des Motörchens, nicht unähnlich dem Geräusch einer hochbelasteten elektrischen

Nähmaschine, laut Chronistenberichten dank dämpfender Wirkung des aparten Karosseriematerials weniger als Außenstehende. Der Volksmund erweist sich mal wieder als Schlappmaul und dichtet: »Wer den Tod nicht scheut, fährt Lloyd.«

Die Auto Union in Ingolstadt stellt mit rund 4000 Mitarbeitern 24 000 Motorräder und 6800 Lieferwagen her. In den Fabrikhallen der Rheinmetall Borsig AG in Düsseldorf beginnt die Produktion ihres neuen DKW-Modells F89 »Meisterklasse«, von dem bis Jahresende noch über 1000 Exemplare gebaut werden. Der Zweizylinder-Zweitaktmotor leistet maximal 23 PS. Das 170 000 Quadratmeter große Werk war im Krieg zu 80 Prozent zerstört worden. Die Auto Union pachtet es am 13. März auf 25 Jahre für sechs Millionen Mark. Besitzern von Vorkriegs-DKW mit inzwischen morscher Sperrholzkarosserie bietet Baur in Stuttgart an, neue Stahlkarosserien aufs alte Fahrgestell zu setzen. Der Zuspruch ist so groß, dass bis 1952 zwei Drittel der gelieferten Baur-Aufbauten auf Privataufträgen beruhen.

Vorbildlich:
Borgward Hansa 1500 erstes Auto mit Ponton-Karosserie in Deutschland, erstes Automatik-Getriebe Borgward Hansamatic

Anfang Mai präsentiert Lancia auf dem Turiner Salon eine Sensation in Gestalt der Aurelia mit selbsttragender Karosserie ohne B-Säule und mit Transaxle-Antrieb: Der vornliegende 1,8-Liter-V6-Motor überträgt seine Leistung über eine Gelenkwelle auf das vor der Hinterachse liegende Getriebe. Entworfen hat diese berühmte und technisch aufwendige Lancia-Limousine, der zahlreiche Varianten auch als Coupé, Cabriolet und Spider folgen werden, der legendäre frühere Alfa-Entwicklungschef Vittorio Jano.

Ein englisches Automobil, schon vor zwei Jahren in Großbritannien vorgestellt, erscheint immer häufiger auch im mitteleuropäischen Straßenbild: der Standard Vanguard. Seine glattflächige, runde Karosserieform unterscheidet ihn völlig von anderen europäischen Autos, und besondere Bedeutung erlangt der Vanguard für den schweizerischen Markt, schreibt der Fachautor Roger Gloor in seinem Buch »Nachkriegswagen«: Die Importgesellschaft Amag führt ihn nicht nur ein, sondern montiert ihn sogar vor Ort.

Porsche, zurück in Stuttgart-Zuffenhausen, stellt bis Jahresende 410 Sportwagen des Typs 356 her, auch schon das erste 356 Cabriolet. Mit 810 Kilogramm ist es 65 Kilo schwerer als das Coupé. Vater Ferdinand Porsche erhält am 3. September zu seinem 75. Geburtstag ein schwarzes Exemplar des 356 Coupé als Geschenk. Damit fährt ihn Neffe und Privatsekretär Ghislaine Kaes im Oktober nach Paris zum 37. Salon de l'Automobile im Grand Palais des Champs Elysées. Fahrtzeit vom Feuerbacher Weg 48, Porsches Stuttgarter Privathaus, bis zum Hotel George V: Sieben Stunden und zwanzig Minuten. »Sind die Menschen nicht verrückt?«, fragt der alte Porsche, Konstrukteur des Volkswagens, als sie in den brandenden Verkehr am Arc de Triomphe geraten. Darauf Neffe Kaes: »Und das sagst ausgerechnet du, der du doch einen wesentlichen Anteil an diesem Geschehen hast!« Nach Wolfsburg, wo im März schon der hunderttausendste Käfer vom Band gelaufen ist, führt ihn die nächste Reise im 356 mit Kaes zu einem Gespräch mit Heinrich Nordhoff.
Für viele Jahre wird das Volkswagenwerk der wichtigste Entwicklungskunde von Porsche, zunächst vor allem bei der Käfer-Modellpflege.

Derweil senkt das Volkswagenwerk die Preise des VW Standard, in einheitlichem Schmutzgrau und mit Seilzugbremse, von 4800 auf 4400 Mark, des nun mit hydraulischer Ate-Lockheed-Bremse, Gemischvorwärmung, zwei Aschenbechern und auf Wunsch mit Stoffschiebedach ausgerüsteten Modells »Export« von 5450 auf 5150 Mark. Der »Export« macht freundliche 75 Prozent der Produktion aus, vermerkt Hans-Christoph Graf von Seherr-Thoss.

»Sind die Menschen nicht verrückt?«, wundert sich der alte Porsche über das Verkehrsgewühl um den Arc de Triomphe

VDO in Frankfurt am Main entwickelt das Drehmagnet-Quotientenmesswerk, das die Fernanzeige von Tankinhalt, Öldruck oder Temperaturen im Armaturenbrett ermöglicht. Als Ingenieur Elsbeth bei den Autowerken Salzgitter einen Motor für Kleinlastwagen entwickelt, sieht man am Sternmotor gleich, woher er kommt: Vorher war Elsbeth in der Flugzeugindustrie tätig.

Alfa Romeo, seit jeher und bis in die Nachkriegszeit auf vor allem sportliche Automobile der Oberklasse spezialisiert, baut zunächst Kleinserien der Reihe 6C 2500 auf der Basis von Modellen der Dreißigerjahre. Der Freccia d'Oro 6C 2500 Sport gehört zu den Traumwagen dieser Epoche und zu den Schmuckstücken der oberen Zehntausend. König Faruk von Ägypten, Prinz Ali Khan, Rita Hayworth und Tyrone Power fahren ihn ebenso gern wie Rainier von Monaco, der am 10. April als Rainier III. den Fürstenthron besteigt. In aller Munde der nun kleiner gewordenen Automobilwelt ist noch der Coup, den Pinin Farina beim vorherigen Pariser Salon gelandet hat. Die Franzosen hatten die Italiener

Champion, Länge 1,98 Meter, Leergewicht 170 kg, Einzylinder-Zweitaktmotor, »Höchstgeschwindigkeit über 50 km/h«.

als besiegte Kriegsgegner von der Teilnahme am Salon ausgeschlossen. Da fuhr Pinin Farina das von ihm karossierte Cabriolet Alfa Sport 2500 sowie einen Lancia Aprilia mit seinem Sohn Sergio und einem Freund eigenhändig nach Paris und platzierte seine Kreationen vor dem Eingang des Grand Palais, in dem schon die Weltausstellung von 1900 stattgefunden hatte. Und abends parkten sie die brandneuen Modelle zur Freude der Fotografen auf dem Place de l'Opera. Darüber berichten die Zeitungen umfangreicher als über die offiziellen Exponate des Salons.

VW senkt die Preise des »Standard« von 4800 auf 4400 Mark und des »Export« von 5450 auf 5150 Mark

Der Aufbruch zu neuen Ufern wird auch in Italien nicht nur bei Lancia sichtbar. Auf dem Pariser Salon dieses Jahres stellt Alfa Romeo seine erste völlige Neuentwicklung der Nachkriegszeit vor, den »1900« mit Vierzylindermotor, oben liegenden Nockenwellen (bei den Mailändern schon seit den Dreißigerjahren selbstverständlich) und erstmals selbsttragender Karosserie. Erstmals auch wird der 1900 nicht in Einzelexemplaren, sondern am Band gefertigt – unter Verwendung sogar zugekaufter Bauteile, während für seine nun historischen Vorgänger jedes Einzelteil von Elementen des Motors über Kupplung und Bremsen bis zu den Lagern nach altbackener Handwerksmanier im Hause hergestellt sein musste. 240 Arbeitsstunden für ein einzelnes Auto schmelzen nun auf knapp die Hälfte zusammen. Chefentwickler Orazio Satta Puliga nennt den 1900 trocken »La vettura di famiglia che vince le corse« – das Familienauto, das Rennen gewinnt. Sein Spruch wird zum Werbeslogan für den neuen Alfa. Niemandem fällt auch nur im

Alptraum ein, die nun 40 Jahre alte, in industrielle Größenordnungen wachsende Edelmarke könnte je zu einer Abteilung des Massenherstellers Fiat verkommen.

Das Jahr 1950 erlebt in den USA einen Auto-Justizskandal. Es kann der Bravste nicht in Frieden leben, wenn es dem bösen Nachbarn nicht gefällt. Der Brave ist der geniale amerikanische Automobilingenieur Preston Tucker, böse sind »die großen Drei« (General Motors, Ford und Chrysler), sagen US-Automobilhistoriker.

Ganzer Stolz dreier Generationen: das Kleinmotorrad auf dem Lande. Freude mit einem Achtel (125 Kubikzentimeter). Die jüngste fährt.

Der aus Chicago stammende Tucker, der vor dem Zweiten Weltkrieg an der Entwicklung der erfolgreichen Miller-Rennwagen beteiligt war, hatte sich in den Kopf gesetzt, das modernste Auto der Welt zu bauen. Ursprünglich sollte seinen aerodynamisch gestalteten Prototyp »Torpedo« ein riesiger 9,5-Liter-Aluminium-Boxermotor mit Benzin-Direkteinspritzung antreiben, der 150 PS leistet, und zwar langlebig und sparsam bei nur 1800 Umdrehungen pro Minute. Schon damals plant Tucker auch ein versiegeltes Kühlsystem, wie es in der Serie erstmals Renault 1961 im R4 verwirklichen wird. Der Motor sollte quer im Heck liegen, als Kraftübertragung war je ein Drehmomentwandler zwischen den Kurbelwellenenden und den beiden Hinterrädern vorgesehen. Als Tucker den Torpedo 1946 der Fachwelt präsentiert, gibt sich der Wagen nicht mehr ganz so radikal-revolutionär, steckt aber dennoch voller Innovationen, deren sich die Massenhersteller oft erst Jahrzehnte später bedienen.

Der 9,5-Liter-Motor ist einem auf Wasserkühlung umgebauten Franklin-Flugmotor mit Doppelvergaser gewichen, einem ebenfalls Sechszylinder-Boxer mit noch 5,5 Liter Hubraum, der seine Leistung von 168 PS bei immer noch bescheidenen 2700 Umdrehungen pro Minute konventionell über ein Vierganggetriebe auf die Hinterachse überträgt. Immerhin verfügt dieses über elektromagnetische Vorwahl und Flüssigkeitskupplung. Absolut sensationell zumal für amerikanische Verhältnisse ist das Fahrwerk mit Einzelradaufhängung vorn und hinten, Torsionsstabfederung und doppelt wirkenden Stoßdämpfern. Noch bis in die Sechzigerjahre nämlich, man glaubt es heute kaum, werden amerikanische Autos vorn und hinten mit Starrachsen gebaut, und Starrachsen hinten gibt es dort noch heute. Boxermotor im Heck und Torsionsstabfederung – da erinnert man sich an den Rennbesuch des alten Ferdinand Porsche beim Vanderbilt-Cup im Oktober 1936, bei dem auch Miller-Rennwagen vertreten waren und Porsche womöglich Preston Tucker von seiner Volkswagen-Entwicklung berichtet hat.

Zu einer Serienfertigung ließen es die »großen Drei« nicht kommen. Sie sollen Zulieferer unter Druck gesetzt haben, Tucker nicht oder nur verzögert zu beliefern, sodass die zahlreichen Aktionäre und Händler, die Tucker für seine Ideen und zum Kauf von Aktien im Wert von 26 Millionen Dollar geworben hatte, schließlich die Geduld verloren. Die Stock Exchange Commission (SEC) schaltete sich ein, behauptete, Tucker habe nie die Absicht gehabt, das eingezahlte Kapital für den Automobilbau zu verwenden, und eröffnete 1950 eine Anklage wegen Anlagebetrugs. Die bis dahin produzierten 50 Nullserien-Fahrzeuge parkten derweil vor dem Gerichtsgebäude. Und ein Controller wird mit dieser Shareholder-Value-Weisheit zitiert: »Eine gut geführte Company verschwendet kein Geld zur Entwicklung von Neuerungen.« »Es ist die Idee, die zählt, und der Traum«, resignierte Preston Tucker nach seinem Freispruch. Er starb Ende 1956 in Brasilien, als er dort an der Entwicklung eines Sportwagens arbeitete.

Auf Alfa Romeo 158 und 159 gewinnt Giuseppe Farina die erste Formel-1-Weltmeisterschaft vor Juan Manuel Fangio auf Alfa 158

Nur italienische und französische Marken rennen mit ernsthaftem Engagement um die neue Formel-1-Fahrerweltmeisterschaft, die für Wagen mit 4,5-Liter-Saugmotor oder mit 1,5-Liter-Kompressormotor ausgeschrieben ist. Alfa Romeo bleibt bei seinem

Erstmals seit elf Jahren gibt es wieder Persil, und das neue Mercedes 170 Cabriolet kostet 10 000 Mark

bewährten Kompressormotor, Talbot Lago beim großen Sauger, und Ferrari versucht's mit beidem. Am Ende der Saison hat Giuseppe Farina auf dem Vorkriegs-Alfa 158 und der Weiterentwicklung 159 mit 30 Punkten vor dem argentinischen Neuling Juan Manuel Fangio (Alfa 158, 27 Punkte) die Meisterschaft knapp für sich entschieden. »In Europa war ich damals ein völlig unbeschriebenes Blatt«, sagt Fangio später, »und ich bin den Alfa-Leuten von Herzen dankbar für das Vertrauen, das sie mir damals geschenkt haben.« Die nächsten drei Plätze belegen Luigi Fagioli (ebenfalls Alfa 158), Louis Rosier (Talbot Lago T26C) und Alberto Ascari (Ferrari 125, 275 und 375).

Derweil ist die Bundesrepublik trotz mehr als zwei Millionen Arbeitsloser (13,5 Prozent) ins Wirtschaftswunder durchgestartet. Die männliche Bevölkerung bewundert das neue Mercedes 170 S Cabriolet B zu 10 000 Mark, und am 1. September ist auch die reinliche deutsche Hausfrau zufrieden: Erstmals seit elf Jahren gibt es wieder Persil.

Gehobene Mittelklasse der SBZ, ab 1949 DDR genannt: IFA-Zweitakt-Zweizylinder, später Dreizylinder.

1951: Der Fortschritt macht zukunftsweisende Sprünge mit Benzineinspritzung, Turboaufladung, Servolenkung und Sicherheitskarosserie. Zu den aufregenden Neuheiten gehören Adenauer-Mercedes und Plaste-Trabant

»Ich werde doch noch den Ton meines Motors kennen!«, antwortet am 3. Januar barsch der 75-jährige Professor Ferdinand Porsche seinem Neffen und Privatsekretär Ghislaine Kaes. Der hatte im 356 unterwegs den Ambulanzwagen mit dem todkranken Professor auf der Fahrt ins Stuttgarter Marienhospital überholt und sich bei der Ankunft dort gewundert, woher sein Onkel das wusste. Am 30. Januar stirbt Ferdinand Porsche, der geniale Konstrukteur. Die Patentabteilung seiner Firma bringt zu Papier: »Bis zum 30. Januar 1951 entstanden von Professor Dr. Porsche oder unter seiner Leitung 260 deutsche Patente. Mit den entsprechenden ausländischen Patenten waren es 1230.«

1951 produzieren in Deutschland 26 Firmen Personen- und Nutzfahrzeuge. Ein rundes Dutzend von ihnen fertigt Kleinwagen, meist mit Motoren von deutlich weniger als einem halben Liter Hubraum zu Preisen zwischen 1300 und 4000 Mark. Auch diese Wägelchen tragen dazu bei, dass die Kraftfahrzeugproduktion inzwischen wieder den Vorkriegsstand erreicht. Den Löwenanteil daran hat VW mit 37 Prozent, gefolgt von Opel (23), Mercedes-Benz (16), Ford (10), der Borgward-Gruppe mit Borgward, Goliath und Lloyd (7) und »Sonstigen« (7).

In diesem Jahr werden die Weichen gestellt für Frankfurt am Main als künftigem Veranstaltungsort der Internationalen Automobil-Ausstellungen in Deutschland. Am 19. April eröffnet Bundespräsident Theodor Heuss dort die erste IAA der Bundesrepublik. Stolz hat die Messeleitung am Ende 570 000 Besucher gezählt. 537 Aussteller aus dem Inland und dem westlichen Ausland zeigen den Stand der Technik und ihre Neuheiten. Der Fortschritt macht zukunftsweisende Sprünge in diesem Jahr. Carl F. W. Borgward führt in seinem Goliath, Heinrich Seibt als Chefkonstrukteur von Gutbrod im Superior erstmals die gemeinsam mit Bosch entwickelte

Noch prächtiger als der »Adenauer-Mercedes« 300: das Mercedes 300 S Cabriolet, auch als Coupé angeboten, Höchstgeschwindigkeit 175 km/h.

1951

Benzineinspritzung vor. Sie steigert die Motorleistung und senkt den Verbrauch. SWF präsentiert den Scheibenwascher, Eberspächer die motorunabhängige Pkw-Heizung. In sein Flaggschiff »Crown Imperial« baut Chrysler erstmals eine Servolenkung ein. Auch Ate (Alfred Teves) in Frankfurt stellt auf der IAA seine »Hilfskraftlenkung« vor. Rückblickend vermerkt ein amerikanisches Schulbuch, bei General Motors stünden um diese Zeit »Design vor Funktion« und die »Planned Obsolescence« hoch im Kurs. Die US-Industrie habe überhaupt die Zukunft des Automobilmarktes ignoriert und »ein kleiner importierter Käfer begonnen, die Marktanteile der amerikanischen Autohersteller wegzuknabbern«. Dem Käfer – bislang noch stets mit Brezelfenster – spendiert das Volkswagenwerk in diesem Jahr ein Motorgehäuse aus Elektron und doppelt wirkende Teleskop-Stoßdämpfer hinten. Der Preis des VW Standard, der seit 1949 nur 4400 Mark kostet, wird auf 4600 Mark erhöht, der des Export von 5150 auf 5400 und der des Transporters von 5850 auf 5975 Mark.

Viel Neues auch bei den Nutzfahrzeugen. MAN zeigt unter der gesetzlich geschützten Bezeichnung »MAN-Turbo-Diesel« den ersten Dieselmotor mit Turboladung: Eine Abgasturbine in der Auspuffleitung steigert die Motorleistung mit 40 000 Umdrehungen je Minute um mehr als ein Drittel von 130 auf 175 PS. »Setra« nennt Kässbohrer den selbsttragenden Aufbau seines neuen Omnibusses, der sich zudem durch aerodynamische Formgebung, Heckmotor mit direktem Antrieb der Hinterachse und

MAN zeigt unter der gesetzlich geschützten Bezeichnung »MAN-Turbo-Diesel« den ersten Dieselmotor mit Turboladung

Automobile Schönheiten entstehen neu, einige architektonische haben überlebt – wie hier in Hamburg das zweitschönste Rathaus der Welt (und ebenso in Wien das schönste).

eine neu entwickelte Klimaanlage mit Heizung, Entfrostung und Frischluftzufuhr auszeichnet. Für den Heckmotor entscheiden sich auf dieser IAA grundsätzlich alle deutschen Omnibusbauer. Und Hans C. Graf von Seherr-Thoss erinnert nicht ohne Schmunzeln auch an eine Gemeinschaftsentwicklung von Goliath, Tempo und Westfalia-Separator in Gestalt eines Dreirad-Melkwagens mit eingebauter Melkmaschine für acht Kühe.

»Die Herren mit den Zwölfzylindern und den hundert Sachen darauf sind verstimmt«, lesen wir aber nach der feierlichen Eröffnung der IAA in der »Schwäbischen Zeitung«, »sie fühlen sich von dem Bundespräsidenten auf den Fuß oder in unserem Falle besser gesagt auf die Bereifung getreten ... Er verstehe vom Autofahren nichts, hatte er gesagt, und er hätte daher seine Rede eigentlich von seinem Chauffeur vorbereiten lassen sollen. Das war natürlich ein Scherz, aber die Herren mit den Zwölfzylindern bekamen ihn in den falschen Hals. Sie waren ernsthaft verdrossen, so etwas an Unseriosität von einem Bundespräsidenten zu hören ... Theodor Heuss hatte nicht mit dem komplizierten Differential einiger dieser Herren gerechnet«, wunderte sich mit ihm die Redaktion. Bundeskanzler Konrad Adenauer betont bei seinem Frankfurter IAA-Besuch gegenüber dem VDA-Vorstand, er habe »dankbar die Versicherung der Vertreter dieser Industrie entgegengenommen, alles daran zu setzen, um die Exporte zu steigern und damit verstärkt zur Devisenbeschaffung beizutragen«. Das Interesse des Auslandes an Automobilen »Made in Germany« ist bereits groß. Einige Hersteller können auf dieser Automobilschau ihre gesamte Produktion des restlichen Jahres ins Ausland verkaufen.

Anlässlich seines Besuches der IAA wird Henry Kaiser, der sein neuestes Automodell in Frankfurt vorstellt, von einer Zeitung noch als »Schöpfer der Liberty-Schiffe« gerühmt, die, während des Krieges in Großserie hergestellt, amerikanisches Material über den Atlantik nach Europa und nach Russland brachten. Doch Kaiser-Automobile genießen hier keinen hohen Bekanntheitsgrad. Stets umdrängte Stars der Ausstellung sind die neuen Sechszylinder von Mercedes-Benz, der 220 auf Basis des 170 S und der große 300, der als Adenauer-Mercedes in die Geschichte eingehen wird. Obwohl sich Theodor Heuss bald ebenso ausschließlich im 300 chauffieren lassen wird.

Der Typ 220 war angesichts der bescheidenen Fahrleistungen der im Übrigen sehr beliebten 170 V und 170 S längst überfällig. Sein völlig neu entwickelter Motor ist ein Kurzhuber mit oben liegender Nockenwelle und leistet 80 PS. Gegenüber dem nur 130 kg leichteren 170 S mit 52-PS-Vierzylindermotor bringt er einen deutlichen Temperamentzuwachs. Seine Höchstgeschwindigkeit beträgt 140 km/h gegenüber 122 km/h des 170 S. Die Limousine kostet 11 925 Mark, ein Faltschiebedach zusätzlich 600 Mark. Das viersitzige Cabriolet B steht mit 15 160, das sportliche zwei- bis dreisitzige Cabriolet A mit 18 860 Mark in der Preisliste. Ein Dritter an Bord des Cabriolet A sitzt hinten quer, aber ungern lange. Absoluter Star des Neuheitenjahrgangs 1951 ist jedoch der Mercedes 300, »die S-Klasse der fünfziger Jahre«, wie es später einmal heißen wird. »Er genoss zu seiner Zeit ein Ansehen wie selbst der spätere 600 nicht«, sagt Daimler in einer Modellchronik. Beim Einstand leistet sein Dreiliter-Sechszylindermotor mit ebenfalls oben liegender Nockenwelle 115 PS.

»Die Autoindustriellen fühlen sich vom Bundespräsidenten auf den Fuß oder besser auf die Bereifung getreten«

Das reicht für 160 km/h. Der Preis beträgt 19900 Mark für die Limousine, 23700 Mark für das ebenfalls viertürige Cabriolet D. Und auf dem Pariser Salon legt Mercedes-Benz im Oktober noch eins drauf in Gestalt des prachtvollen 300 S, der 50 Jahre später zu den gesuchtesten Oldtimern zählen wird. Drei statt zwei Fallstromvergaser und eine höhere Verdichtung tragen zur Leistungssteigerung auf zunächst 150 PS bei und verhelfen ihm zu der bemerkenswerten Höchstgeschwindigkeit von 176 km/h. Sein Preis beträgt 34500 Mark. Ungeachtet der Bedeutung dieser Wagen für die Automobilwelt weit über das Jahrzehnt hinaus kommt aus Stuttgart ein Zeichen mit wahrer Langzeitwirkung: Daimler-Benz meldet Béla Barényis Sicherheitsfahrgastzelle zum Patent an.

Offiziell »501«, im Volksmund »Barock-Engel« heißt der erste Nachkriegs-BMW mit Zweiliter-Sechszylinder-Motor und 65 PS

Das Karosseriewerk Karl Baur in Stuttgart stellt die Rohkarosse des ersten BMW-Nachkriegswagens her, des »501« mit Zweiliter-Sechszylindermotor von 65 PS. Der »Barockengel« basiert auf dem Vorkriegsmodell 326 und ist nun ebenso wie die neuen Mercedes mit ZF-Vollsynchrongetriebe und Lenkradschaltung ausgestattet, wobei sich das Getriebe aparterweise getrennt vom Motor unter den Vordersitzen befindet. Die Höchstgeschwindigkeit des 501 beträgt 138 km/h, der Preis 15150 Mark.

Der neue Opel Kapitän macht sich keine Mühe, die Familienähnlichkeit mit dem Vater in Detroit zu verleugnen. Auf den ersten Blick sieht er aus wie dem Chevrolet Fleetmaster Sport Sedan des

Modelljahrs 1947 aus dem Gesicht geschnitten. Unter der Karosserie steckt allerdings vorkriegsbewährte Rüsselsheimer Technik, die im Wesentlichen vom Kapitän des Jahrgangs 1939 stammt. Der Sechszylindermotor der 1240-kg-Limousine leistet 58 PS. Und in der Schweiz verhilft der Kapitän-Motor ab August 1951 tatsächlich auch der Marke Chevrolet zu größerer Verbreitung: GM Suisse europäisiert mit ihm ein Ami-Modell.

Gebührende Beachtung findet bei Seherr-Thoss wie in der Fachwelt allgemein der in Serie gebaute »erste luftgekühlte Ottomotor hoher Literleistung (37 PS/l) von Porsche«: Zylinderkopf mit v-förmig angeordneten Ventilen, Brennkammer in Anblasrichtung, drei düsenförmige Kühlluftkanäle mit Ausgleichskammer. Bemerkenswert ist das Verdichtungsverhältnis von 7:1, das damals noch bei vielen Motoren anderer Hersteller weniger als 6:1 beträgt und den Porsche-Wert durchweg erst drei bis fünf Jahre später erreicht – nach kräftigerer Beimischung von Blei-Tetraäthyl ins Benzin zur Erhöhung der Klopffestigkeit. Ohne mehr Blei, aber in der Motorleistung nochmals um 15 Prozent auf 46 PS gesteigert, erringt Porsche erstmals internationale Sportlorbeeren. Bei den berühmten 24 Stunden von Le Mans kommt ein 356 als Erster seiner Klasse ins Ziel. Mehr als seine Piloten Veuillet und Mouche freut sich am Ende der Saison ein noch wenig bekannter Argentinier. In seiner zweiten Saison in Europa gewinnt Juan Manuel Fangio auf dem weiterentwickelten Vorkriegs-Alfa Tipo 159 seine erste Weltmeisterschaft. Stirling Moss: »Ferraris neue Wagen mit 4,5-Liter-V12-Saugmotoren setzen der bis an die Schmerzgrenze aufgeladenen Achtzylinder-Kompressor-Alfetta mit 1,5 Litern Hubraum aber schon arg zu«.

Karmann in Osnabrück baut für Ford-Köln das Vierfenster-Cabriolet des Taunus und für DKW jenes der Meisterklasse.

Spezialomnibusse für Ausflüge von Schwerstversehrten werden seit Juli zunächst in den bayerischen Orten Bayreuth und Werneck eingesetzt. Sie verfügen über jeweils 20 verstellbare Liegesessel mit Alarmmelder, Entlüftung, Radio und Mikrophon sowie fünf Sitzplätze für Pflegepersonal.

In der DDR beginnt der Defa-Regisseur Wolgang Staudte Ende August mit den Dreharbeiten zu dem Film »Der Untertan« nach dem Roman von Heinrich Mann. Laut erstem Fünfjahresplan der SED-Wirtschaft sollen die Industrieproduktion verdoppelt und die Arbeitsproduktivität um 60 Prozent gesteigert werden. Der Planerfüllung stehen der bis dato noch dem Ost-Berliner Ministerium für Schwermaschinenbau unterstellten Automobilindustrie allerdings wesentliche Hindernisse im Weg. Dringend benötigte Zulieferteile gibt es nur im Westen. Der liefert sie während des Kalten Krieges nicht, und die DDR-Zollbehörden lassen sie nicht rein, weil Importe aus dem Westen den Klassenfeind unterstützen, wie der Technik- und Verkehrswissenschaftler Peter Kirchberg 50 Jahre später in seiner Geschichte des DDR-Automobilbaus festhalten wird (»Plaste, Blech und Planwirtschaft«): »Selbst der Eisenacher Werksdirektor Martin Zimmermann holt im doppelten Boden seines Dienstwagens die dringend benötigten Solex-Vergaser aus West-Berlin, deren Seriennummern dann durch verlässliche Mitarbeiter entfernt werden, bevor sie in die

Auto-Zulieferteile aus dem Westen lassen die DDR-Behörden nicht rein, weil sie den Klassenfeind unterstützen

Strip-Strap-Strull, ist der Eimer noch nicht full? Damenhand am Schwarz-Bunt-Euter an der ostfriesischen Nordseeküste vor Einführung der Melkmaschine.

BMW-Wagen eingebaut werden«, zitiert Kirchberg den früheren Kundendienst-Ingenieur Im Automobilwerk Eisenach (AWE), Michael Stück. Und der Trabant verdankt seine Plaste-Karosserie dem absoluten Mangel an Tiefziehblechen.

Auf Vorschlag des Finanzministers Fritz Schäffer, dessen Spardosenberg dem alten Julius-Turm in der Spandauer Zitadelle zu neuer Bekanntheit verhilft, soll in der Bundesrepublik eine Autobahngebühr erhoben werden: Für Motorräder sollen zwischen 20 und 60, für Personenwagen zwischen 120 und 360, für Lastwagen zwischen 180 und 480 Mark jährlich erhoben werden. Ein entsprechendes Gesetz überwindet die politischen Hürden damals nicht.

Weil es in der DDR zu wenig Tiefziehbleche gibt, erhält der Trabant seine rostfreie Karosserie aus »Plaste«

Der Adria-Urlaub ist noch nicht Allgemeingut. Noch lässt sich die deutsche Hausfrau an kühleren deutschen Meeresküsten bräunen.

1952: Sicherheit wird immer größer geschrieben, nach Mercedes dieselt schon Borgward, der neue Taunus 12M kurbelt das Ford-Geschäft an, und weltweit sind PS gefragt

Fantastische Verkehrsmittel sind in aller, vor allem aber amerikanischem Munde. Nie zuvor sind so viele »Fliegende Untertassen« gesichtet worden wie in diesem Jahr, die meisten, auch UFO genannt, besonders häufig von Farmern im Mittelwesten. Das bodenständigere Automobil ist zwar mittlerweile mehr als 60 Jahre alt. Über die Entwicklungsprioritäten herrschen jedoch noch immer unterschiedliche Ansichten. Fritz Nallinger, Daimler-Benz-Vorstandsmitglied für Forschung und Entwicklung, setzt Zeichen in einem Vortrag an der Technischen Universität Berlin am 10. Oktober und macht auf die Zusammenhänge zwischen Automobilkonstruktion und Verkehrssicherheit aufmerksam. Er stellt vor allem die Bedeutung von Fahrleistung, Straßenlage, Lenkung, Bremsen, Bedienbarkeit und Sichtverhältnissen für die aktive Sicherheit heraus, ermüdungsfreien Komfort durch Federung, Sitzbequemlichkeit, Laufruhe sowie Heizung und Belüftung neben der Baufestigkeit für die passive Sicherheit. Auf der Mille Miglia 1952 setzte Jaguar als erster Automobilhersteller weltweit die Scheibenbremse in einem C-Type ein, der von Sir Stirling Moss und dem damaligen Jaguar Chef-Entwicklungsingenieur Norman Dewis gefahren wurde.

Unter Federführung des ADAC und seines Oberingenieurs Georg Wanner veranstalten Bosch, Hella, Osram, Philips und das britische Road Research Laboratory auf dem Nürburgring Versuchsfahrten mit polarisiertem Licht. Sie untersuchen zum Beispiel auch, schreibt Seherr-Thoss, die Trennung von Fern- und Nahlicht mit Zusatzscheinwerfern zum Abblenden statt der bisherigen Bilux-Lampe und blendfreies Begegnen bei erheblich größerer Sehweite durch das einige Jahre später – auch beim VW Käfer schließlich 1960 – selbstverständlich werdende asymmetrische Abblendlicht. Die bald ebenso selbstverständliche Kombination

1952

Den Stolz auf den eigenen Tretroller wird die Sehnsucht nach knatterndem Mofa, dann sehr bald nach einem Moped verdrängen.

von Schluss- und Blinkleuchten bedarf noch eines Gutachtens des Technischen Überwachungsvereins TÜV.

Auf dem Pariser Salon präsentiert Porsche sein Vollsynchrongetriebe, das die Bedienbarkeit erheblich verbessert. Auf die Federring-Synchronisierung mit Servowirkung erhält Porsche 70 Patente in allen industriell bedeutsamen Staaten. »Bei den in Gmünd und dann anschließend in Stuttgart gebauten Fahrzeugen verwendeten wir das Original-VW-Getriebe, das zu dieser Zeit noch keine Synchronisierung hatte«, schreibt Ferry Porsche in seinen Memoiren »Porsche – Ein Traum wird Wirklichkeit«. »Wir begannen aber bereits in Gmünd mit Experimenten, um ein eigenes Synchrongetriebe zu entwickeln – zunächst für den Cisitalia-Rennwagen. Es war ein Ringsynchrongetriebe im Gegensatz zu den gebräuchlichen Konussynchrongetrieben. Es erwies sich als weitaus besser.« Die halbe Autowelt profitiert bald als Lizenznehmer von der Porsche-Synchronisierung, nicht von A bis Z, aber von A bis V: Alfa Romeo nutzt sie in seinen Personen-, Sport- und Lieferwagen ebenso wie Volkswagen und Volvo. Lastwagenfahrer schätzen den bisher nicht erträumten Komfort- und Sicherheitszuwachs, wenn sie einen Hanomag, Lancia (Wer erinnert sich noch an Lancia-Lkw?), Magirus oder Mercedes fahren, Formel-1-Piloten in Bugatti, Ferrari, Maserati, oder Mercedes, die Hersteller von Sport-, Gran Turismo- und Rennsportwagen verbessern ihre Verkaufs- und Siegeschancen dank der Porsche-Synchronisierung ebenso wie Borgward und BMW in Familienautos.

Bei Porsche selbst steigt die aktive Sicherheit außerdem standesgemäß durch mehr Motorleistung – die 1500 S-Maschine mit nunmehr 70 PS wird eingeführt – und wirksamere Bremsen dank Vergrößerung des Durchmessers der Leichtmetalltrommeln (mit Kühlrippen und Spezialgusseinlage) auf 280 Millimeter. Auf Anregung aus Amerika stellt Porsche in zunächst 15 Exemplaren einen um 60 Kilogramm auf nur noch 605 Kilogramm abgespeckten Spezialroadster mit niedriger Windschutzscheibe, Steckfenstern und Notverdeck, leichten Schalen statt Polstersitzen und spärlicher Armaturenbrettbestückung her. »Mit seinem Leistungsgewicht von 8,7 kg/PS läßt dieser ›American‹ auch größere Sportwagen schlecht aussehen«, hält Le-Mans-Sieger und Kundensportbetreuer Jürgen Barth später fest. Aus dem »American« wird knapp zwei Jahre darauf serienmäßig der berühmte Speedster.

Nach dem Pionier Borgward stellt Ford mit seinem Taunus 12M erstmals ein Modell mit Ponton-Karosserie vor

Auch Nutzfahrzeugneuerungen brillieren in Paris, den Nallinger-Postulaten entsprechend. Die Lkw-Entwickler von Krupp sind besonders stolz auf ihre ebenfalls patentierte Motorkompressorbremse, die die Kompressionsarbeit des Motors ausnutzt und damit unter Schonung der Radbremsen die Bremswirkung verstärkt.

»Vollkommene Rundsicht« versprechen die Kölner Ford-Werke den Käufern des brandneuen Taunus 12M, der wohl meist beachteten Neuheit des Jahres. Nach dem Pionier Borgward stellt Volumenhersteller Ford mit dem 12M erstmals ein Modell mit Pontonkarosserie vor, also ohne angesetzte oder auch nur angedeutete Kotflügel. Noch revolutionärer geht es für Ford-Verhältnisse unter dem Blech zu; denn während Wettbewerber wie Opel oder Volkswagen schon selbsttragende Karosserien bauen, frönen die Kölner bei ihren bisherigen

Modellen Eifel und Taunus noch der althergebrachten Chassisbauweise: Die Karosserie wird separat hergestellt und auf das fertige Fahrgestell draufgesetzt. Und wie die Styling-Studien für den neuen Taunus 12M aus Detroit stammen, familienähnlich den im Vorjahr in Großbritannien präsentierten Modellen Consul und Zephyr Six, so hilft nun ein Amerikaner in Paris, Larry Boysel von Ford France, mit seinen Konstruktionskenntnissen von selbsttragenden Karosserien aus. Der ursprünglich für den neuen Taunus geplante 1,5-Liter-Motor wird aus Termin- und Kostengründen durch den aus den Dreißigerjahren stammenden 1,2-Liter-Motor ersetzt, der nun 38 PS leistet. Auffallend sind die kleinen Räder mit 13-Zoll-Reifen gegenüber den derzeit meist üblichen 15- und 16-Zoll-Pneus. Dadurch reduzieren die Ford-Techniker noch deutlicher die Schwerpunkthöhe, die den stakeligen alten Taunus zur Zielscheibe herber Kritik gemacht hatte. »Der Taunus 12M ist nicht für den Tag, sondern für die Zukunft gebaut«, zitiert Rosellen den Verkaufsdirektor Robert H. Schmidt anlässlich der Modell-Premiere vor 400 geladenen Gästen in den Kölner Messehallen. Durch umfangreiche Marktanalysen sei festgestellt worden, wie sich das Publikum den neuen Wagen vorstellt, »und nach diesen Vorstellungen ist der 12M gebaut worden.« Das stimmt nun gerade nicht. Der Generaldirektor der Kölner Ford-Werke, der Däne Erhardt Vitger, hat die Ergebnisse entsprechender Meinungsumfragen lange zuvor als irreal in der Versenkung verschwinden lassen und der Automobilindustrie damit ein Beispiel gegeben, das leider nicht überall Schule gemacht hat.

Die Bundesbahn speckt ab. Aus der Stromlinien-Rekordlok wird die ihrer Karosserie entkleidete Nachkriegs-05

Die Schnellzug-Baureihe 05 ist mit der Spitzengeschwindigkeit von 175 km/h derzeit das Paradepferd der neuen deutschen Bundesbahn, hier in der Verkehrsausstellung in der Essener Gruga.

FIAT 8V

Fiat bemüht sich ohne messbaren Erfolg, mit seinem recht prächtigen 8V den rassigen Sportwagen von Alfa Romeo die Schau zu stehlen.

Dem Mercedes 170 S folgt im Frühjahr die Dieselversion 170 DS mit 1767 Kubikzentimeter Hubraum und 40 PS Leistung. Das Personenwagen-Dieselmonopol bleibt Mercedes-Benz allerdings nicht lange erhalten. Nach dem Hansa 1800 als Weiterentwicklung des 1500 stellt Carl F. W. Borgward im November den Hansa 1800 Diesel vor, der bei 42 PS Leistung ebenfalls eine Höchstgeschwindigkeit von 100 km/h erreicht. Der Durchschnittsverbrauch beträgt 6,5 Liter auf 100 Kilometer, der Preis 9950 Mark.

Was klauen zwei aus dem Landesgefängnis Mannheim ausgebrochene Ganoven in einer Ludwigshafener Tankstelle schnurstracks außer der Tageskasse? Einen nagelneuen Volkswagen. VW verschifft die ersten 80 Käfer nach Japan. Dort kosten sie pro Stück umgerechnet 10 000 Mark. Der hunderttausendste Ausfuhr-Käfer rollt in die Niederlande. Kein weiteres deutsches Automodell hat jemals so hohe Exportziffern erreicht. Es hatte von 1945 bis 1950 gedauert, bis der Käfer die Produktionsmarke 100 000 erreichte. Allein 1952 aber werden schon 114 000 Exemplare hergestellt. Im Juli steigt die Tagesproduktion auf 550 Einheiten. Karmann feiert am 16. August in Osnabrück die Auslieferung des zehntausendsten viersitzigen VW Cabriolets. Zur Wolfsburger Modellpflege dieses Jahres gehören Reifen der Größe 5.60-15, die »zugfreien« und von Langfingern bald sehr geschätzten Ausstellschwenkfenster und verbesserte Stoßfänger mit kräftigeren Hörnern drauf. Statt der einen Bremsleuchte in

Legendär: Der Mittelgewicht-Boxer Peter Müller (»de Aap«) schlägt beim Endkampf um die Meisterschaft den Ringrichter nieder

der zentralen Heckknubbelnase mit integrierter Nummernschildbeleuchtung erhält der Käfer nun deren zwei, die zwar noch nicht viel besser erkennbar, aber nun mit Schlusslichtern und Rückstrahlern kombiniert sind. Der luftgekühlte 1131-cm^3-Vierzylinder-Boxermotor leistet unverdrossen 25 PS bei 3300 Umdrehungen pro Minute und verhilft dem Auto zu einer Höchstgeschwindigkeit von 100 km/h, entsprechend den Dieselversionen von Borgward und Mercedes.

Im Zeichen des fünfundzwanzigjährigen Jubiläums des Nürburgrings findet am 25. Mai das ADAC-Eifelrennen statt. Das Formel-2-Rennen gewinnt der Schweizer Fischer auf Ferrari, bei den Motorrädern Kluge auf DKW die Viertelliterklasse, Knees auf Norton die Halbliterklasse. Nicht allenthalben so sauber wie damals noch im Motorsport geht es 1952 in anderen Disziplinen zu. In Köln zum Beispiel wird am 7. Juni ein k.o. beim Endkampf um die Boxmeisterschaft im Mittelgewicht zum Skandal erklärt. Der finale Hieb von Peter Müller (»de Aap«) hat den Ringrichter getroffen. Das wäre was für die »Bild«-Zeitung gewesen. Deren erste Ausgabe erscheint aber erst am 24. Juni, zum Preis von zehn Pfennig in einer Auflage von 250 000.

Geradezu begeistert sind Automobilfreunde vom Rennsportwagen 300 SL, abgeleitet vom 300 S, den Mercedes-Benz im Frühjahr ankündigt. Der Dreiliter-Sechszylinder leistet nun 175 PS, der Radstand ist auf 240 Zentimeter verkürzt, auf Anregung von Nallinger hat Versuchsleiter Rudolf Uhlenhaut einen aus geschlossenen Dreiecken bestehenden Gitterrohrrahmen gebaut. Noch im selben Jahr erringt der 300 SL einen Doppelsieg bei den berühmt-berüchtigten 24 Stunden von Le Mans im Juni, einen Dreifachsieg beim Großen Jubiläumspreis vom Nürburgring im August und einen Doppelsieg bei der Carrera Panamericana

Mexico im November, jenem Straßenrennen, bei dem ein Geier die Windschutzscheibe des 300 SL von Karl Kling und Hans Klenk zerschmettert. Die Fahrer-Weltmeisterschaft erringt Alberto Ascari auf Ferrari, die Plätze zwei bis vier belegen am Saisonende ebenfalls Ferrari-Piloten: Giuseppe Farina, Piero Taruffi und der Schweizer Rudi Fischer.

Dass ein Staatsunternehmen elitäre Schönheiten schaffen könnte, wird in Mitteleuropa niemand vermuten. Anders in Italien. Die zur Staatsholding IRI gehörende Alfa Romeo entlässt in den Fünfzigerjahren eine Automobilschönheit nach der anderen auf die Straßen. 1952 ist das von Touring karossierte 1900 Coupé (100 PS, 180 km/h) das Glanzstück, um das sich ein halbes Jahrhundert später die Sammler balgen werden. Fiat, seit den Zwanzigerjahren in oftmals feindlicher Wettbewerbsposition zu Alfa Romeo, gelingt es zwar nicht, in puncto Design, aber in der Motorleistung noch eins draufzusetzen. Der in Genf vorgestellte 8V mit Zweilitermotor leistet 105, später bis zu 127 PS.

Nicht der Motorsport allein lässt den Wunsch nach mehr Leistung keimen. In amerikanischen Familienkutschen lieferten selbst V8-Motoren vor zwei, drei Jahren 90 bis 100 PS. Nun sind es oft schon mehr als 130. Die werden auch benötigt, um durch immer stärker gefragte Komforteinrichtungen zunehmendes Wagengewicht zu kompensieren.

Als Werner Pleister, Intendant des Nordwestdeutschen Rundfunks, am ersten Weihnachtsfeiertag wenige tausend Zuschauer zum Beginn des bundesdeutschen Fernsehens begrüßt, verfügen die NWDR-Reporter bereits über das erste fahrbare Studio. Es ist in einem Unterflur-Trambus von Büssing, Braunschweig, eingerichtet und trägt am 26. Dezember zur allerersten »Tagesschau« bei.

Elektrische Christbaumkerzen gehören noch nicht zum Standard. Die allgemeingültigen Wachskerzen heben die Gemütlichkeit und die Beschäftigung der Feuerwehren.

1953: Selbsttragende Pontonkarosserien setzen sich durch, und bei Opel passt die Schwiegermutter sogar in den Kofferraum

Die amerikanische Zeitschrift »Time« wählt Bundeskanzler Konrad Adenauer zum »Man of the Year«. Mit Stalins Tod beginnt in der Sowjetunion das »Tauwetter«. Der hohe Kommissar der Vereinten Nationen, Dr. Hans van Heuven Goedhart, teilt der Bundesregierung mit, der Flüchtlingsausschuss habe 100 000 Dollar, damals 420 000 Mark, aus der Henry-Ford-Stiftung für die Unterbringung der Sowjetzonenflüchtlinge zur Verfügung gestellt.

Ein Hamburger »FAZ«-Leser bricht eine akustische Lanze für den Straßenverkehr: »Hupen, Motorgeräusch usw. verschwindet verhältnismäßig schnell, wenn er auch weit häufiger vorkommt, aber der von den Flugzeugen ausgehende Lärm ist unerträglich. Das liegt daran, daß die Flugzeuge zu dicht über die Großstädte hinwegfliegen. Warum kann nicht verlangt werden, daß sie größere Höhen innehalten, von denen der Lärm jedenfalls sehr geschwächt herunterkommt?«

Das Volkswagenwerk senkt den Preis des VW Standard von 4600 auf 4200 DM, in der Schweiz von 5930 auf 5750 Franken, und das berühmte Brezelfenster weicht zugunsten geringfügig verbesserter Rücksicht der kleinen ovalen Heckscheibe. Mit Entwicklungen für das Volkswagenwerk – und dabei bisher noch vor allem mit Weiterentwicklungen des Käfer – befasst sich seit langem Porsche. Unter Porsches eigenen Sportwagen fällt vor allem der neue 356 1300S auf. Sein 1290-cm^3-Motor mit rollengelagerter Hirth-Kurbelwelle leistet 60 PS. Und »die Karosserie wird ständig verbessert. Speziell in der Entdröhnung und in der Ausstattung erzielt man Fortschritte«, hält Jürgen Barth in seinem »Großen Buch der Porsche-Typen« fest. Eine Porsche-Sensation für Motorsportkunden steht auf dem Pariser Salon: der neue Rennsportspyder Typ 550 mit dem berühmten Fuhrmann-Motor, benannt nach seinem Konstrukteur und späteren legendären Vorstandsvorsitzenden Dr. Ernst Fuhrmann mit von Königswellen angetriebenen vier Nockenwellen und Leichtmetallblock: 1,5 Liter, 110 PS bei 7800 U/min, 200 km/h.

Die Auto Union verblüfft mit dem Rechenwunder der Fünfzigerjahre: 3=6. Ihrem Dreizylinder-Zweitaktmotor im bekannten Kleid der »DKW Sonderklasse«, in der SBZ schon vorher im IFA F9 realisiert, bescheinigt sie nämlich die Laufkultur eines Viertakt-Sechszylinders. Der vor der Vorderachse liegende Motor hat einen Hubraum von 0,896 Liter, leistet 34 PS und verhilft dem 870 Kilogramm wiegenden Auto zu einer Spitze von etwa 115 km/h. Sperrholz ade: Die Sonderklasse hat eine auf Kastenrahmen montierte Ganzstahlkarosserie. Als »Allsichtcoupé« gibt es die Sonderklasse auch mit großer Panoramaheckscheibe. Wahlweise wird dieser DKW mit Drei- oder Vierganggetriebe geliefert. »Dieser Motor«, schreibt Seherr-Thoss, »ist Vollendung und Schlußstein des Pkw-Zweitaktmotors in Deutschland.«

Von Jahr zu Jahr steigt die Reisefreudigkeit. Davon profitiert neben vielen anderen auch die Andenken-Industrie.

Bei Wendler in Reutlingen entsteht eine kleine Serie hübscher Cabriolets auf Panhard-Basis für die Baseler Panhard-Vertretung Völkle. Im August stellt Mercedes-Benz mit dem Typ 180 – interne Bezeichnung W 120 – seinen ersten Pkw mit Pontonkarosserie vor. Charakteristisch für den erstmals 1946 in den USA realisierten Ponton-Aufbau sind die voll integrierten Kotflügel und der rechteckige Grundriss mit geringerem Luftwiderstand, weniger Windgeräuschen und geräumigerem Innenraum. Ein weiteres Novum in der Geschichte der Mercedes-Benz-Pkw besteht in der selbsttragenden und mit der Rahmen-Boden-Anlage fest verschweißten Karosserie. Die Verwindungssteifigkeit ist gegenüber der konventionellen Bauweise der 170er-Typen wesentlich größer. Als »einzigen Wermutstropfen« wird Daimler ein halbes Jahrhundert später den aus dem 170 Sb übernommenen seitengesteuerten Motor bezeichnen, »der zwar keinen Anlaß zu Beschwerden gab, aber mit seinen 52 PS auch nicht gerade ein Ausbund an Temperament war.« Der Vierzylinder mit immer noch 1767 Kubikzentimeter Hubraum beschleunigt den modernsten Mercedes laut Werk in 31 (!) Sekunden von 0 auf 100 km/h und bringt ihn auf eine Höchstgeschwindigkeit von 126 km/h. »Diese engen Landstraßen widern mich an«, schimpft Luftfahrtpionier Hugo Eckener am Steuer seines Mercedes bei einer Fahrt von Friedrichshafen nach Garmisch, »ich bringe es einfach nicht fertig, die Fernlastzüge zu überholen.«

Der Opel Rekord startet mit dem Rekordpreis von nur 6250 Mark – von der Konkurrenz als Kampfpreis beargwöhnt

Die an Doppelquerlenkern geführten Vorderräder des 180 sind nun nicht mehr direkt am Rahmen, sondern an einem servicefreundlichen sogenannten Fahrschemel aufgehängt. Hierbei handelt es sich um einen u-förmigen, aus zwei gepressten Blechteilen zusammengeschweißten Achsträger, an dem nicht nur die Vorderradaufhängung, sondern auch Motor, Getriebe und Lenkung befestigt sind. Als Hinterradaufhängung dient die bekannte Pendelachse, bei der die beiden Räder nun zusätzlich an weit auseinanderliegenden Längslenkern geführt werden.

Als Kampfpreis wertet die Konkurrenz die 6250 Mark, die Opel für seinen neuen Olympia Rekord »im Ponton-Look« berechnet, einem Publikumsmagnet der Internationalen Automobilausstellung in Frankfurt im September. Zunächst gibt es den neuen

Die Chevrolet Corvette erlebt ihre Premiere und wird zum Prototyp des amerikanischen Sportwagens.

Erfolgswagen der Rüsselsheimer, von dem zwischen März 1953 und Juli 1957 stolze 558 452 Exemplare gebaut werden, als zweitürige Limousine und dreitürigen Kombi. Dieser heißt »Caravan« und leitet seinen Namen von der lapidaren englischen Feststellung »This Car is a Van« ab, zu deutsch »Dieser Pkw ist ein Lieferwagen«. Auf seinen Sitzbänken vorn und hinten würden selbst weite Fahrten »kaum zur Strapaze«, meint Opel. Auch den Fond-Passagieren böte der Olympia Rekord »Raum in Hülle und Fülle« und gute Luft dank hinterer ausstellbarer Seitenfenster. In das »äußerst großzügige Kofferraumabteil« passen fünf größere Koffer und mehrere Taschen problemlos hinein, heißt es, sogar »ungeliebte Schwiegermütter«. Dank der 40 PS, die sein 1,5-Liter-Motor leistet, schafft der Olympia Rekord 115 km/h und ist damit etwas schneller als der Käfer, wie die Amerikaner inzwischen den Volkswagen getauft haben.

Als das Serienauto mit dem nicht nur in den USA leistungsstärksten Motor von 213 PS gilt das neue Cadillac Eldorado Cabriolet, das hin und wieder auch auf den Straßen rund um die Bundeshauptstadt Bonn auftaucht und die Passanten nicht zuletzt ob seiner gewaltigen Maße in Staunen versetzt. Gegenüber der Fachwelt gelingt dies indessen der GM-Marke Chevrolet, die in diesem Jahr mit der Corvette den ersten echten amerikanischen Seriensportwagen der Nachkriegszeit präsentiert. Die Corvette wird zunächst von einem 3,9-Liter-Sechszylindermotor von 152 (SAE)-PS angetrieben und besitzt erstmals eine Kunststoffkarosserie auf Kreuzkastenrahmen. Ihre für amerikanische Verhältnisse äußerst elegante Form verdankt sie dem berühmten GM-Chefdesigner Harley Earl. Erstmals treiben V8-Motoren Modelle der GM-Marke Buick an. Diese 5,3-Liter-Maschinen sind kurzhubiger ausgelegt als andere V8-Motoren des Konzerns und leisten zum Beispiel im »50 Super« 166, im »70 Roadmaster« 190 PS.

Ford-Neuheiten aus Köln machen sich in diesem Jahr vor allem nützlich. Der Taunus 12M, Pkw-Sensation des Vorjahres, erscheint als Kombi (offiziell heißt das noch »Kombinationskraftwagen«) und erhält den Namen Turnier; Reklamebilder zeigen ihn denn auch häufig in sportlicher Umgebung. Der FK 1000, später Transit genannt, erlebt seine Premiere und wird ernsthafter Konkurrent des VW Transporter. Mit dem Vorkriegsmotor von 1172 Kubikzentimeter Hubraum und stehenden Ventilen sind auch die neuen Modelle Anglia und Prefect von Ford England ausgerüstet, die nun wie zuvor schon Consul und Zephyr über selbsttragende Karosserien und McPherson-Federbeine vorn verfügen und vereinzelt bald auch auf westdeutschen Straßen zu sehen sind.

Fiats Flaggschiff ist der »1900«, vorgestellt auf dem Pariser Salon im Herbst 1952 und nun in Serie produziert. Seine Pontonkarosserie entspricht jener des drei Jahre älteren 1400, von dem sie sich durch üppigeren Chromzierrat unterscheidet. Der Vierzylindermotor von 1901 Kubikzentimeter Hubraum leistet 60 PS, die für eine Spitzengeschwindigkeit von 130 km/h ausreichen. Eine technische Besonderheit stellt die Kraftübertragung dar, der eine Flüssigkeitskupplung und ein Fünfganggetriebe dienen. Von größerer Marktbedeutung sind jedoch die neuen Fiat 1100 und 1100 TV (Turismo Veloce), nun ebenfalls mit selbsttragender Pontonkarosserie, Vierzylindermotor von 1089 Kubikzentimeter Hubraum und Nennleistungen von 36 (1100) und 50 PS (1100 TV, dank höherer Verdichtung

Bei den neuen Fiat 1100 und 1100 TV hängt das Reserverad wie vorher nur beim Citroën 11CV unterm Kofferraumdeckel

und Doppelvergaser). Die Höchstgeschwindigkeiten betragen 116 und 135 km/h. Eine witzige Karosseriebesonderheit, die wir sonst nur vom Citroën 11CV des Jahrgangs 1952 in Erinnerung haben: Das Reserverad befindet sich in einer Art Fach unter dem Kofferraumdeckel über dem Gepäck.

Experten sind sich einig: Der neue Borgward Hansa 2400 ist der bis dahin fortschrittlichste deutsche Wagen der Nachkriegszeit. Er hebt sich als erster mit Fließheck auch äußerlich von seinen Wettbewerbern ab. Der wassergekühlte Reihen-Sechszylinder mit 2337 Kubikzentimeter Hubraum leistet bei einer Verdichtung von 6,9:1 zunächst 82 PS bei 4500 U/min. Das maximale Drehmoment von 16,5 mkg liegt bei 2400 U/min an. Die Beschleunigung des 1440 Kilogramm schweren Wagens aus dem Stand auf 100 km/h dauert 20 Sekunden. Für besonders bemerkenswert hält die Fachwelt, dass die 12 950 Mark teure viertürige, fünfsitzige Limousine zum Aufpreis von 850 Mark mit einem automatischen Getriebe lieferbar ist, nach Feststellung des Technikhistorikers Erwin Ziebart (in Olaf von Fersens »Ein Jahrhundert Automobiltechnik«) »das erste in Europa entwickelte und in Serienautomobilen verwendete Automat-Getriebe mit hydrodynamischem Wandler«. Schon damals nutzt Borgward (Slogan: »Modern die Werke, modern die Wagen«) in diesem »Hansa-Matic«-Getriebe den Wandler nur zum Anfahren und in Verbindung mit dem Rückwärtsgang. Selbst im ersten Gang wird der Wandler zur Verbrauchsreduzierung nach Erreichen einer bestimmten Geschwindigkeit überbrückt. Die erste Fahrstufe des Zweiganggetriebes ist 1,5:1 untersetzt, der zweite Gang wirkt »direkt« 1:1. Des Wandlers Untersetzungswirkung beträgt maximal 3,66:1. Ob mit oder ohne automatischem Getriebe, mit dem 2400 ist man auf der Autobahn 1953 ziemlich allein: Die Höchstgeschwindigkeit beträgt beachtliche 150, mit Hansa-Matic immerhin noch 145 Kilometer pro Stunde. Carl F. W.

Und immer lockt das Meer.
Auch seine biederen Besucherinnen versuchen es.

Borgwards Chefdesigner hat die Karosserieform offensichtlich nach den Erkenntnissen des Aerodynamik-Professors Wunibald Kamm aus den Dreißigerjahren geschneidert und damit den Luftwiderstandsbeiwert von einsamem 0,35 erzielt. Zum Vergleich: Ein Mercedes 220 von 1956 bringt es auf 0,47. Olga Tschechowa und Heinz Rühmann zum Beispiel gehören zu den Prominenten Eignern des Borgward 2400, der ab Sommer auch als »Pullman-Limousine« mit Stufenheck angeboten wird.

Ohnmacht gegenüber des Staates Tücke gehört schon vor 50 Jahren zu den üblen Erfahrungen rechtschaffener Bürger. Ein Weinsberger Schreiner hatte für den Bau der Autobahn Gelände abtreten müssen, berichtet die »FAZ« am 21. Januar, und noch immer ist ihm dafür keine Entschädigung gezahlt worden. »Also läßt er jetzt die Zeit des Faustrechts wieder aufleben, bricht den ewigen Landfrieden des Kaisers Maximilian und einige andere entsprechende Satzungen, betrachtet seinen ehemaligen Grundbesitz an der Ausfahrt Stuttgart-Weinsberg als Teil seines reichsunmittelbaren Territoriums und stellt sich dort als sein eigener Straßenzolleinnehmer auf, um ... auf diese Weise zu seinem Geld zu kommen. Man muß ihm zugute halten, daß er dabei nicht mit Waffengewalt vorgeht, sondern die ... Autos mit einer rotweißen Kelle anhält, um zwei Mark gegen Quittung zu erheben. Bei zwei Fahrern hat er keinen Erfolg; offenbar halten sie ihn für einen verirrten

Für den Autobahnbau hat der Staat einem Weinsberger Schreiner sein Gelände enteignet, ohne dafür zu zahlen

Fern vom Nürburgring: Für Groß und Klein sind Pferderennen auf dem Land an vielen Wochenendenden ein Hauptspaß.

Stationsvorsteher. Der dritte Fahrer gibt ihm zwar nach und die zwei Mark, fährt aber sofort zum Weinsberger Bürgermeisteramt und bringt dort seine geharnischten Gravamina vor. Ein Aufgebot der Landespolizei zieht gegen das Raubnest zu Felde und hebt es aus … Das Gericht wird ihm klarmachen, dass solche fiskalischen Gebräuche des Mittelalters heute nur noch vom Staat geübt werden dürfen.«

1954: Ein Jahr der Automobil-Legenden mit Alfa Romeo Giulietta Sprint, Borgward Isabella, Mercedes 300 SL, Porsche Speedster

Die Christlich-Soziale Union, berichtet die »FAZ« am 27. Februar 1954, will in ihrem Entwurf zur Änderung eines geplanten Amnestiegesetzes auch »Verkehrsdelikte bis zu einem Strafmaß von drei Monaten berücksichtigen«.

Die erste Sensation des Jahres stammt aus Mailand. Auf dem Turiner Salon stellt Alfa Romeo die Giulietta Sprint vor. Zu Beginn des Jahrzehnts war die Alfa 1900 Berlina das erste Automobil des früher nur äußerst exklusive Kunden bedienenden, zur IRI gehörenden Staatsunternehmens, das in kleiner Fließbandserie hergestellt wird. Die Giulietta Sprint und ihre folgenden Varianten zählen mit ihren 1300 Kubikzentimetern für Alfa Romeo nun zu einer nie zuvor bedienten kleinen Hubraumklasse, die noch höhere Produktionszahlen fordern wird. Nicht dies freilich interessiert das Messepublikum, sondern die Lieferfähigkeit des kleinen Sportwagens, der sofort zu den schönsten der Welt gezählt wird und den schon während des Salons mehr als 3000 Interessenten fest ordern. Damit bringen sie auch Karosseriebauer Nuccio Bertone in Bedrängnis, der mit solcher Begeisterung ebensowenig gerechnet hat wie Alfa Romeo-Planungsleiter Rudolf Hruska. Insider flüstern, Alfa Romeo-Technik-Vorstand Orazio Satta Puliga habe die Giulietta Sprint (Codename »750«) nicht zuletzt entwickelt, um seinen Großaktionär, die Regierung in Rom, ruhig zu stellen. Das ist ihm damals gelungen. Die schöne Giulietta, weltbekannt aus der Oper Romeo è Giulietta, wird nun auch als Automobil ein Star. In ihrer ersten Version leistet der von oben liegenden Nockenwellen im Leichtmetallkopf gesteuerte 1290-cm^3-Vierzylindermotor 80 PS bei 6300 U/min und bringt die Giulietta Sprint auf 165 km/h. Spätere Varianten lassen sämtliche Konkurrenten derselben Hubraumklasse noch älter aussehen. In Italien kostet sie 1735 000 Lire, in Deutschland 14 980 Mark.

Ebenfalls anlässlich des Turiner Salons stellt Fiat auf dem nahe gelegenen Flugplatz Caselle der Öffentlichkeit sein Turbinenauto vor, dem eine Spitzengeschwindigkeit von 250 km/h nachgesagt wird. Das abschließende Urteil des Fiat-Entwicklungsdirektors Dante Giacosa ist weniger optimistisch als jenes der Journalisten: »Die Turbine ist noch nicht – oder wird es nie sein – ein Motor, der sich für ein Privatauto eignet, sollte aber trotzdem geduldig für andere Anwendungszwecke studiert und vervollkommnet werden.« Dabei denkt Giacosa auch an den Gasturbinenantrieb von Omnibussen, deren Leistungsanforderung zumindest im Überlandbetrieb gleichförmiger ist als die eines Personenwagens und damit die Vorzüge der Turbine eher nutzen lassen würde. Auf dem Genfer Salon steht denn auch ein von Viberti gebauter

Zwei US-Stars: Porsche Speedster und James Dean beim 8. Palm Springs-Straßenrennen im März 1955. Im September desselben Jahres verunglückt James Dean schuldlos mit einem Porsche 550 Spyder, mit an Bord der Porsche-Mechaniker Rolf Wütherich, der schwer verletzt überlebt.

1954
4
23
23 F

futuristischer Stromlinienbus mit Glasfaser-Karosserie, dem die Fiat-Turbine »künftig zu Geschwindigkeiten bis zu 200 m/h verhelfen könnte«. Auch dies Projekt verschwindet jedoch bald in der Versenkung.

In der ersten Mai-Woche billigt der Bundesrat zur Freude von Bundesverkehrsminister Seebohm das Straßenentlastungs- und das Verkehrsfinanzgesetz. Danach sollen der Transport bestimmter Massengüter mit Lastkraftwagen eingeschränkt werden, die Beförderungssteuer im Nahverkehr von einem auf fünf Pfennig je Tonnenkilometer erhöht, steuerliche Vorteile von Lkw-Anhängern und Bussen aufgehoben, die Mineralölsteuer auf Benzin um einen und auf Diesel um sieben Pfennig angehoben werden. Die Bundesregierung will die Kraftfahrzeugsteuer um 20 Prozent senken, aber der Bundesrat genehmigt nur zehn Prozent. Zudem bittet der Bundesrat nach einem Vorschlag des hessischen Finanzministers Tröger die Bundesregierung, zu prüfen, was Jahrzehnte später als ganz neue Idee aufs Tapet gebracht werden wird: Ob die Kraftfahrzeugsteuer der Einfachheit halber nicht entfallen und in die Mineralölsteuer eingebaut werden könne.

Über und über geschmückt von Blumengirlanden läuft am 10. Juni das erste Exemplar der Isabella vom Band, des schönsten und erfolgreichsten Autos, das Carl F. W. Borgward je geschaffen hat. Die Isabella besitzt einen 1,5-Liter-Vierzylindermotor mit oben liegender Nockenwelle, der von den Erfahrungen mit dem erfolgreichen 1,5-Liter-Rennmotor Borgwards profitiert. Er leistet 60 PS bei 4700 U/min und bringt die geräumige Limousine über ein vollsynchronisiertes Vierganggetriebe in 25 Sekunden von 0 auf 100 km/h und auf eine Höchstgeschwindigkeit von 135 km/h. 1954 wird zum bisher besten Jahr der Borgward-Gruppe, die ihre Produktion um 62 Prozent auf 68 000 Fahrzeuge steigert. Allein die neue Isabella ist daran schon mit gut 10 000 Einheiten beteiligt.

Auf der »FAZ«-Titelseite des 5. Juli 1954 finden sich zwei Sportmeldungen: »Deutschland ist Fußball-Weltmeister« und »Fangio siegt in Reims, Mercedes-Erfolg in Frankreich«. »Juan Manuel Fangio hat auf dem neuen 2,5-Liter-Rennwagen von Mercedes-Benz den Großen Preis von Frankreich in Rekordzeit gewonnen«, heißt es weiter. »Zweiter wurde sein Stallgefährte Karl Kling, Dritter Manzon auf Ferrari, gefolgt von Prinz Bira auf Maserati. Am Schluß des Rennens waren die meisten Wagen dem hohen Tempo zum Opfer gefallen. Mercedes-Benz konnte damit beim ersten Start mit Rennwagen nach dem Kriege einen aufsehenerregenden Sieg erringen.«

Der schönste und erfolgreichste Borgward läuft vom Band, die »Isabella«. Und BMW stellt den »502« mit 2,6-Liter-V8 vor

Fichtel & Sachs beginnt Probeläufe der seit 1950 von Richard Binder entwickelten automatischen Kupplung Saxomat. Kienzle, dem breiten Publikum eher bekannt für seine Wohnzimmeruhren, beginnt in der ebenfalls in Villingen im Schwarzwald ansässigen Kienzle Apparate GmbH, Parkuhren herzustellen.

Um den Bundeswehr-Auftrag zur Lieferung eines Geländewagens bewerben sich Auto Union (DKW), Borgward (Goliath) und Porsche. »Der Porsche«, antwortet ein Feldwebel der Versuchsmannschaft auf die Frage eines Mitglieds der Regierungskommission, welcher denn der Beste sei, und fährt fort: »Aber wir hatten bei der Erprobung den Befehl, immer den Porsche einzusetzen, wenn einer der Konkurrenten im Dreck steckengeblieben ist und wir ihn rausziehen mußten. Dadurch wurde er stärker beansprucht als die anderen. Außerdem hatten wir den Befehl, beim Porsche immer den Motor laufen zu lassen, wenn wir im Quartier waren, damit der Benzinverbrauch hoch ging, denn die wollen den da haben«, und zeigt auf den Zweitakter-Jeep von DKW. Den Porsche abzulehnen wird schließlich mit einer gebrochenen Stoßdämpferaufhängung und einem Auspuffschaden begründet. Bei seinen Mitbewerbern mussten Motoren, Getriebe und Achsen ausgetauscht werden, teilweise mehrfach. Bundesverteidigungsminister Franz-Josef Strauß legt Wert darauf, dass seine bayerischen Landsleute in Ingolstadt den 100-Millionen-Auftrag erhalten.

Noch immer erscheinen auf dem Markt Winzlinge wie Goggomobil, Kleinschnittger F250 oder – in italienischer Lizenz – BMW Isetta

Ohne Geschmäckle, wie es im Schwabenland heißen würde, geht im Vereinigten Königreich derweil der Land Rover ins Gelände. Mit um sechs Inch oder 15 Zentimeter gewachsenem Radstand und um drei Inch verlängertem Heck, haben Matthias Pfannmüller und Boris Schmidt in ihrer Chronik »Land Rover – Die ersten 50 Jahre« recherchiert, entspricht Rover mit dem Modell 86 dem Kundenwunsch nach mehr Ladefläche und spendiert stärkere Bremsen. Zudem stellt Rover den 107 vor, einen verlängerten Pick-Up mit geschlossenem Fahrerhaus.

1954

Die Ford-Werke in Köln investieren in Erweiterungsbauten und Maschinen 38,2 Millionen Mark, steigern ihre Tagesproduktion um 25 Prozent auf 200 Autos und ergänzen ihr Taunus 12M-Programm durch ein zweisitziges Cabriolet mit voll versenkbarem Verdeck. In Rüsselsheim läuft am 24. August der 500 000. Opel seit Kriegsende vom Band, und der im Vorjahr präsentierte Olympia Rekord ist nun auch als Cabrio-Limousine erhältlich.

Bei der Hans Glas Isaria Maschinenfabrik in Dingolfing entsteht im Dezember eine Vorserie von 50 Goggomobilen, entwickelt von Andreas Glas und Karl Dompert. 14 PS holt das luftgekühlte Zweitakt-Zweizylinder-Motörchen aus 247 Kubikzentimetern Hubraum. Kleinschnittger verdoppelt den Hubraum seines F 125 von 123 auf 246 Kubikzentimeter im neuen, unverändert zweisitzigen F 250, dessen Spitzengeschwindigkeit nun 100 km/h beträgt. BMW steigt ins Winzlinggeschäft ein durch den Kauf von Lizenz und Presswerkzeugen der Mailänder Iso S.p.A. und beginnt die Fabrikation der Isetta (»Mach hoch die Tür«). Wir erinnern uns der ratlosen Traurigkeit in den Augen eines Isetta-Besitzers auf der Kö in Düsseldorf: Er kann nicht hinein, weil ein Opel so dicht vor der Isetta-Fronttür parkt, dass sie sich nicht öffnen lässt.

Am anderen Ende des Sortiments erfahren die Hubräume zwar keine Verdopplung, aber die Ansprüche steigen auch hier. BMW stellt auf dem Genfer Salon den 502 mit 2,6-Liter-V8-Motor vor (105 PS, 165 km/h, 17 800 DM) und stattet den 501 mit einem Doppel-Fallstromvergaser aus. Damit steigt dessen Motorleistung von 65 auf 72 PS, die Höchstgeschwindigkeit von 138 auf 145 km/h, während der Preis von ursprünglich 15 150 auf nunmehr 12 400 DM sinkt. Mercedes-Benz führt beim 220a die Eingelenk-Pendelachse mit tiefliegendem Drehpunkt ein, die sich vordem im Formel-1-Rennwagen des Typs W 196 bewährt hat.

Wer erhält hier mehr Applaus – der berühmte Land Rover oder QE 2 plus Gemahl Prince Philip auf ihrem Australien-Besuch?

Im Porsche 356-Programm gibt es ab September den Typ 540, besser bekannt und in die Automobilgeschichte eingegangen als Speedster, vor allem für den US-Export bestimmt, mit 1,5-Liter-Motor und 55 oder 70 PS. Jürgen Barth beschreibt ihn so: »Der Speedster hat eine flache, an den Seiten stark gerundete Windschutzscheibe, die durch ein feines U-Profil gehalten wird. Das leichte und voll versenkbare Allwetterverdeck ist wesentlich niedriger und kürzer als beim Cabriolet. Die Türhöhe liegt um 35 Millimeter niedriger. Für die Türen gibt es Steckscheiben.« Zu Preisen ab 12 200 Mark gibt es den Speedster in Deutschland, ab 3800 Dollar in den USA. Und eher grinsend als nur schmunzelnd zitiert Barth aus dem Protokoll der Typisierungsabnahme des TÜV Stuttgart: »Bei offenem Verdeck ist auf den Notsitzen kein Platz für weitere Personen; bei geschlossenem Verdeck sind die Notsitze für Personen über 1,60 Meter nur dann benutzbar, wenn für den Kopf jedes Mitfahrers ein Loch in das Verdeck geschnitten wird. Der Einstieg erfordert ausgereifte akrobatische Fähigkeiten, wenn das Verdeck geschlossen ist, und zudem muß man dann auf den Vordersitzen in gebückter Stellung verharren.«

Max Hoffman, Exil-Wiener und US-Importeur deutscher Autos, motiviert zum Bau des Speedster und des 300 SL

Max Hoffman, Exil-Österreicher aus Wien und US-Importeur deutscher Automobile mit exklusivem Ausstellungsraum an Manhattans Park Avenue, hatte Porsche zum Bau dieses umwerfenden 356 bewogen. Und Mercedes-Benz, aus den Rennsportwagen 300 SLR und 300 SL den Straßensportwagen 300 SL abzuleiten – neben dem Adenauer-300 den bis heute berühmtesten Mercedes-Serienwagen. Er wird ab August 1954 gebaut und erfreut sich, wie es in einer Mercedes-Typenchronik heißt, »wegen seiner außergewöhnlichen Erscheinung großer Popularität, obgleich viele seiner Besitzer damals die Flügeltüren wegen ihrer Unbequemlichkeit im Alltagsbetrieb gar nicht so sehr schätzen. Ohnehin werden die privaten 300 SL überwiegend als schnelle Reisewagen verwendet.«

Das Volkswagenwerk steigert die Produktion um mehr als ein Drittel auf 242 373 Fahrzeuge, davon 202 174 Käfer und 40 199 Transporter. VW plant, ein stillliegendes mexikanisches Fabrikgelände zu erwerben, um es zu einem weiteren Montagewerk für den VW Käfer umzubauen.

Der »Flügeltürer«. Das heißbegehrte Paradepferd der Sportwagenwelt und schönster Mercedes aller Zeiten. Als erster deutscher Serien-Renner fährt der Mercedes 300 SL je nach Hinterachsübersetzung bis zu 260 km/h. Sein Grundpreis: 29 000 DM, preiswerter als der 34 500 Mark teure 300 S (Seiten 32/33).

1955: Schritt für Schritt mehr Sicherheit, Sparsamkeit und Leistung, Star des Jahres ist der neue Citroën, und der Kleinstwagenboom überschreitet seinen Gipfel

In Bonn reibt sich der Bund die Hände angesichts von insgesamt 2,25 Milliarden DM Steuereinnahmen, die er allein dem Automobil zu verdanken hat, und selbst die Bundesbahn möchte vom Auto profitieren. Sie propagiert erstmals das »Auto im Reisezug«. Mit aller Schärfe protestiert der Bundestag am 31. März »gegen die von den Behörden der Sowjetzone verfügte Erhöhung der Straßenbenutzungsgebühren für westdeutsche Fahrzeuge«. Niemand werde behaupten können, dass ein Lastzug auf der Fahrt von der Zonengrenze nach Berlin einen Schaden von 220 Westmark anrichte. Am 4. Juni einigen sich Vertreter aus West und Ost auf eine Ermäßigung dieser Gebühren, aus SBZ-Sicht zur »Erweiterung der Verbindung und Annäherung zwischen der DDR und Westdeutschland«.

Ernst Benda, der spätere Präsident des Bundesverfassungsgerichts, durchstreift mit seiner Frau großräumig die Bundesrepublik in seiner BMW Isetta und bleibt gelassen angesichts der »alle hundert oder hundertfünfzig Kilometer« fälligen Werkstattaufenthalte, weil der Motor ausfällt. So ein Pech ereilt nicht alle Fahrer dieses Miniaturmobils; sein Erfolg lässt den Verkauf des Messerschmitt Kabinenrollers einbrechen, hat Hans C. Graf von Seherr-Thoss in seinem Standardwerk »Die deutsche Automobilindustrie« festgehalten. Nachdem die Champion Automobilwerke in Paderborn ihre Produktion nach einem katastrophalen Absatzrückgang um 75 Prozent eingestellt hatten, baut nun Maico den Champion 400 weiter. Hans Glas im niederbayerischen Dingolfing gibt seinem Kleinauto den Namen seines Lieblingsenkels, den die Familie »Goggo« ruft. Dornier spart Platz in seinem Mini-Auto, indem er die Insassen, zwei vorn und zwei hinten, Rücken an Rücken sitzen lässt, den 14-PS-Zweitaktmotor zwischen die Sitzreihen klemmt. Die Hinterbänkler können nun schon Aufgaben wahrnehmen, die Jahrzehnte später Hecksensoren übertragen werden.

Renault 4CV. Der alte Professor Ferdinand Porsche, nach Kriegsende in Frankreich inhaftiert, verhilft ihm zu zivilen Fahreigenschaften.

1955

Dornier ist nicht der einzige frühere Flugzeugbauer, der seinen Erfindungsgeist notgedrungen Straßenfahrzeugen zugutekommen lässt. Heinkel entwickelt neben Rollern auch seine Heinkel Kabine 150. Aber kennzeichnend für die »Demokratisierung des Konsums« ist für den Sozial- und Wirtschaftsgeschichtswissenschaftler Werner Abelshauser das baldige »Scheitern schichtspezifisch konzipierter Automobile (zum Beispiel die ›Kabinenroller‹ von Gutbrod, Maico oder Messerschmitt) … und der Siegeszug des auf technische Funktionalität und ein (Käufer-)schichtübergreifendes Image angelegten Volkswagen-Käfers«.

Der Schriftsteller und Graphiker Stephan Stolze aus Ost-Berlin folgt der Einladung, »für ein paar Sommerwochen nach Hamburg zu ziehen und aus seinem Ideenreichtum … vergleichsweise viel Geld zu machen«: Der Chef des »Zentralen Werbebüros für Volkswagen« in Klein-Flottbek erklärt ihm, »Ende August werde der millionste Volkswagen aus der Wolfsburger Werkshalle rollen … Dieses Jubiläum solle mit einer Werbekampagne gefeiert werden, … es fehle ihnen noch an Ideen.« In seinem Buch »Nachkriegsjahre« beschrieben, setzt sich Stolze hin und stellt »mit Bleistift und Tuschfarben einen Volkswagen dar, der sich anschickt, durch eine goldenen Lorbeerkranz zu springen«. Doch fragt er sich, wie er »zu der flachen VW-Werbung heruntergekommen« sein könne, steckt sein Geld ein und fährt nach ein paar Tagen nach Ost-Berlin zurück. Bundesbürger finden die Werbung für den Käfer, der läuft und läuft und läuft, durchaus nicht flach und kaufen, kaufen, kaufen ihn. Zumal der Austauschmotor mit 10 000-Kilometer-Garantie nur 495 Mark kostet und sein Einbau 7,50 Mark. Die VW-Sensation des Jahres kommt freilich nicht aus Wolfsburg, sondern aus Osnabrück. Die Wilhelm Karmann GmbH stellt am 15. Juli auf der Basis des VW Export das Karmann-Ghia Coupé vor, entworfen von Luigi Segre, Designer der Ghia SpA

Carozzeria in Turin. Karmann fertigt 60 Stück des 810 kg schweren Schönlings pro Tag, VW verkauft ihn zu 7500 Mark.

Erfolgreichster Kleinwagen ist und bleibt der autoähnlichste, Borgwards Lloyd. In diesem Jahr läuft der 100 000. Lloyd vom Band, der Lloyd 600 mit Viertaktmotor erscheint, und die Marke erreicht einen Anteil von 54,5 Prozent am gesamten Absatz der Borgward-Gruppe. Goliath stellt einen neuen Dreirad-Transporter vor, der dem Wiking aus Hamburg Kunden aus dem Kleingewerbe abjagt, aber die meist beachteten Neuheiten kommen von Borgward selbst: Mit der Isabella Kombi erscheint das derzeit eleganteste Modell seiner Art, und die Isabella TS mit ihrem vor allem dank von 6,8:1 auf 8,2:1 erhöhter Verdichtung statt 60 nun 75 PS leistenden 1,5-Liter-Vierzylinder wird für viele Jahre die begehrteste deutsche Sportlimousine. Höherverdichtete Motoren sparen Benzin und leisten mehr. Die Mineralölindustrie trägt ihr Scherflein dazu bei, indem sie die Qualität verbessert und nun ein klopffreieres neues Super-Benzin mit 93 Oktan anbietet. Dies kommt auch den Porsche-Motoren der neuen Baureihe 356 A zugute. Deren Spitzenmodelle 1300 S und 1600 S weisen Verdichtungsverhältnisse von beachtlichen 8,2:1 und 8,5:1 auf, der 1500 GS Carrera sogar 9,5:1. Die früher zweigeteilte Windschutzscheibe ist nun einteilig und aus Sicherheitsglas, die Armaturenbrettoberkante gepolstert. Der Verkehrssicherheit zuliebe tun sich vier Zulieferfirmen aus der Elektrobranche zusammen.

Unbestrittener Weltstar des kommenden Jahrgangs wird die sensationelle Citroen DS, gesprochen Déesse, die Göttin

Bosch, Hella, Osram und Philips entwickeln gemeinsam Scheinwerfer und Glühbirnen fürs asymmetrische Abblendlicht zur Serienreife.

Die Bevölkerung des Saargebiets lehnt mit 67,7 Prozent der Stimmen das französische »Saar-Statut« ab und bereitet damit den Anschluss an die Bundesrepublik vor. Zur Sicherung ihres Absatzes in dieser Region planen die französischen Automobilhersteller Pauschalrabatte für die Saarbewohner.

Der unbestrittene Weltstar des Automobiljahrgangs 1955 heißt Citroën DS 19. DS, gesprochen Déesse. Unter den Autos die Déesse, zu deutsch Göttin, wird sie nicht nur für Franzosen. Die DS – Automobile sind in Frankreich ebenso wie in Italien weiblichen Geschlechts – verkörpert technische und formale Revolution. Bei ihrem ersten Auftritt auf dem Pariser Salon am 5. Oktober sagen Laien und Experten gleichermaßen: Ein solches Auto hat die Welt noch nicht gesehen. Die geschwungene Karosserie gehorcht strikter denn je aerodynamischen Gesetzen, protzig-repräsentativer Kühlergrill ist dezenten Lufteinlässen unterhalb des vorderen Stoßfängers gewichen, auf dem die tief heruntergezogene Motorhaube aus Aluminium endet. Der Gewichtsreduzierung dient ebenso das Dach aus Kunststoff. Eine Teilverkleidung des Unterbodens trägt zusätzlich zum guten Luftwiderstandsbeiwert von 0,38 bei, den wohl noch keine andere Serienlimousine erreicht hat. Aber Technikexperten beeindruckt die DS mindestens ebenso wie die Ästheten. Hydrauliköl hat die seit 70 Jahren gewohnten Stahlfedern verdrängt und führt zu ungewohntem automobilen Komforterlebnis. Und Citroën beweist einmal mehr, dass für den Rennsport entwickelte Technik alsbald der Serie zugute kommen kann. Nachdem Jaguar 1953 die 24 Stunden von Le Mans nicht zuletzt dank seiner zusammen mit

Dunlop entwickelten Scheibenbremsen gewonnen hat, reüssiert nun die DS als erstes Serienauto der Welt mit Scheibenbremsen an den Vorderrädern. Bremsdosierung und -verstärkung werden zentral hydraulisch geregelt.

Neben Citroën befasst sich auch Alpine mit Kunststoff im Automobilbau. Die Karosserie der Alpine A 106 Mille Miles auf Basis des Renault 4CV besteht aus Stahl und Kunststoff in Gemischtbauweise. DKW geht aufs Ganze und präsentiert der Bundeswehr zehn Geländewagen mit einer Karosserie aus glasfaserverstärkten, ungesättigten Polyesterharzen. Wegen angeblicher Brandgefahr lehnen die Militärs zwar dankend ab, aber die DKW-Ingenieure lassen sich nicht beirren und bereiten fürs kommende Jahr ein bildschönes Sportcoupé aus diesem Material vor, den DKW Monza. Als Basis dient die DKW 3=6 Sonderklasse F91.

Der von Graf Goertz gezeichnete neue BMW 507 gehört auch zum Fuhrpark des unvergessenen Wolfgang Graf Berghe von Trips

Ford lanciert den Taunus 15M mit dem ersten nach dem Krieg neu entwickelten Motor. Er besitzt hängende Ventile, eine seitliche Nockenwelle und leistet 55 PS. Statt des serienmäßigen Dreiganggetriebes bietet Ford auch erstmals ein Vierganggetriebe an, gegen Aufpreis. Während der Opel Rekord nur einen neuen Kühlergrill erhält, rüstet Opel das Dreiganggetriebe des Kapitän nun auf Wunsch gegen Mehrpreis mit elektrisch zuschaltbarem Overdrive für den zweiten und dritten Gang aus, das Drehzahlniveau und damit Verschleiß und Benzinverbrauch senkend.

VW Standard, Borgward Hansa 1500, Opel Kapitän und Mercedes 180 im geschäftigen Hamburger St. Pauli. Das Kino verdankt seinen Namen einem erfolgreichen Film.

BOGART
TIERNEY
ECKERT
TABAK

In der deutschen Oberklasse brilliert BMW mit dem eleganten 503 und dem sportlichen 507, den Graf Goertz gezeichnet hat und der auch zum privaten Fuhrpark des unvergessenen Wolfgang Graf Berghe von Trips gehören wird. Eine Nebenrolle spielt dagegen der 505 Pullman, in dem sich Franz-Josef Strauß schon mal sehen lässt. Bei Mercedes-Benz hält sich die Neuheitenflut der Serie in Grenzen. Neben dem frischen 220a-Cabriolet gibt es den Adenauer-Mercedes 300 nun serienmäßig mit Automatikgetriebe, mit manuellem nur noch auf Wunsch, und von der IAA an für den Roadster 190 SL einen Coupé-Aufsatz. Im Sport aber reißt Mercedes alle Latten – dank der Kombination aus den besten Fahrern und der besten Technik. Drei Faktoren führen laut Entwicklungschef Fritz Nallinger zur Überlegenheit des Rennmotors: die Aufteilung des in der Formel 1 für Saugmotoren vorgeschriebenen Hubraums von 2,5 Liter auf acht Zylinder, die neue Benzineinspritzung und die mechanische Zwangssteuerung der Ventile, die auch bei hohen Drehzahlen für gute Zylinderfüllungen sorgt. Gleichzeitig werden die Fahreigenschaften durch Einführung der Eingelenk-Pendelachse optimiert und durch die Verringerung der ungefederten Massen dank Verlegung der Bremstrommeln vom Rad weg zur Fahrzeugmitte hin. Günter Jendrich berichtet spät abends nach der Hitzeschlacht des Großen Preises von Argentinien 1955: »Meine argentinischen Kollegen, sie überschlagen sich, und nun stehen sie von den Tribünen auf – Fangio kommt ... Man umarmt sich, man küsst sich ab, man freut sich. Liebe Hörer in Deutschland, Fangio und Mercedes-Benz haben gewonnen«, zitiert »auto

Rolls-Royce erzielt weltweite Beachtung für seinen neuen Silver Cloud motor und sport« den bekannten Rundfunk-Journalisten. Allein Doppelsiege feiert Mercedes-Benz bei der Mille Miglia, beim Eifelrennen, bei der Targa Florio, in der Formel 1 beim Großen Preis von Schweden, einen Dreifachsieg bei der Tourist Trophy. Und Juan Manuel Fangio wird erneut Formel-1-Weltmeister.

Im Vereinigten Königreich freut sich Jaguar, dass sein Mark VII M als Lieblingsauto der Königinmutter bekannt wird, Rolls-Royce erzielt weltweite Beachtung für seinen neuen Silver Cloud, der mit 4,9-Liter-Sechszylindermotor von 0 auf 100 km/h nur

Goggomobil-Endkontrolle bei Glas in Dingolfing. Goggo war der Kosename des Enkels von Senior Hans Glas.

13,5 Sekunden benötigen und eine Höchstgeschwindigkeit von 166 km/h erreichen soll. Rover lässt dem berühmten »75« seiner Baureihe P4 den »90« folgen, dessen 2,6-Liter-Motor 93 PS leistet und dem Wagen zu einer Höchstgeschwindigkeit von 145 km/h verhilft. In Italien glänzt vor allem das Staatsunternehmen Alfa Romeo. Der geliebten, von Bertone karossierten Giulietta Sprint folgen die Giulietta Spider von Pininfarina sowie die Limousine Giulietta Ti. Man beachte die Reihenfolge: Dem Familienauto folgt bei den meisten Herstellern erst später die Sportversion. Bei Alfa Romeo genießt derzeit der Sportwagen Priorität. Derweil präsentiert Fiat einen der beliebtesten Kleinwagen der Fünfzigerjahre: Der Fiat 600 mit seinem Heckmotor wird Prototyp des populären italienischen Familienautos breiter Schichten und zudem Turiner Exportschlager.

Der neue Chevrolet, von Harley Earl entworfen, erstmals von einer V8-Maschine angetrieben, begeistert die Amerikaner

Amerika begeistert sich für den neuen Chevrolet, den Harley Earl entworfen hat. Nachfolger werden Earl als die Auto-Designer-Legende Detroits bezeichnen. Und der neue Chevy hat erstmals einen V8-Motor, entwickelt von Edward N. Cole und seinem Team. Das 4,3-Liter-Aggregat leistet je nach Modellvariante 162 bis 180 PS und beendet den Status Chevrolets als amerikanische Billigmarke. Und dieses Auto wird einmal als American Classic bezeichnet werden. Die 162-PS-V8-Maschine treibt erstmals auch die Corvette des Jahrgangs '55 an, die trotz zweifellos sportlicheren Charakters im Verkauf vom brandneuen Ford Thunderbird geschlagen wird. Dessen 4,8-Liter-Motor leistet in der Automatikversion 198 PS, und seine Käufer sind beeindruckt von der größeren Parkfläche, die er im Vergleich zur Corvette beansprucht. Noch mehr aber wohl von beachtlichem Komfort und voluminöserem Kofferraum, die ihn im Vergleich zur wahrlich sportlichen Corvette zum netten Boulevardsportwagen degradieren.

Wochenend-Freuden der Fünfzigerjahre mit NSU Lambretta und im Zelt.

Ford setzt seinen eleganten Thunderbird gegen GM's rassige Corvette.
Boulevard-Sportwagen gegen Straßenrenner. Beide finden ihre Kundschaft.

1955

1956: Komfort und Leistung über alles

Die Ansprüche an Leistung, Sicherheit und nicht zuletzt Komfort des Automobils nehmen weiter zu. Kein Wunder in Zeiten des Wirtschaftswunders: Seit 1950 ist das jährliche Einkommen je Bundesbürger von 3280 DM um 70 Prozent auf 5575 DM gewachsen. Erstmals werden in der Bundesrepublik mehr als eine Million Wagen hergestellt: 847 829 Personenwagen + 633 167 Kombis + 159 488 Lkw + 4612 Omnibusse + 523 Straßenzugmaschinen = 1 075 619. Den ersten Kupplungsautomat (nach dem System Buchory) fertigt hierzulande die Firma Backhaus. Er lässt sich nachträglich einbauen. Fichtel & Sachs bietet der Autoindustrie die automatische Kupplung Saxomat zum Serieneinbau an. Die Adler-Werke in der Kleyerstraße in Frankfurt am Main fertigen in Lizenz den Borg-Warner-Overdrive, ein nachgeschaltetes Planeten-Schnellganggetriebe. Opel bietet es im Kapitän und Ford im Taunus 15M zum Aufpreis von 500 DM an. Eine Scheibenwaschautomatik bringt VDO, mit einem Fußdruck werden die Scheiben mit Waschwasser bespritzt und gewischt, Bosch einen kombinierten Blinkerschalter mit Lichthupenbetätigung.

Die Besucher des Genfer Salons erleben die Premiere des ersten deutschen Serienautos mit Glasfaser-Kunststoff-Karosserie, des bildschönen Sportcoupés DKW Monza. Mit der Herstellung des Aufbaus hat DKW die Stuttgarter Karosseriewerke Dannenhauer & Stauss betraut. Ein Einliter-Dreizylinder-Zweitaktmotor bringt das 665 kg leichte Automobil auf 155 km/h. Auf der Basis der Isabella TS stellt Borgward das Coupé vor, bei dem Ästheten zwar die klare Linie der Limousine vermissen, das Freunde der Marke Borgward jedoch auf Anhieb begeistert. Selbst 50 Jahre später werden sie es für den schönsten Borgward halten. Ein großes Fest feiert am 12. März die Belegschaft der Dr. Ing. h. c. F. Porsche GmbH in Stuttgart-Zuffenhausen. Das Unternehmen, am 16. März 1931 als Konstruktionsbüro in der Stuttgarter Kronenstraße gegründet, wird 25 Jahre alt, und Wolfgang Porsche, Ferrys jüngster Sohn, fährt den 10 000. Porsche, einen 356 A, aus der Werkshalle. Doch bei dieser Feier bleibt es 1956 nicht. Allein in den USA erringt Porsche in seiner Klasse Meisterschaften in fünf Kategorien, Klassensiege weltweit zuhauf. Als Krönung jedoch wird der Erfolg des italienischen Rennfahrers Umberto Maglioli betrachtet, der erstmals, gegen leistungsmäßig bei Weitem überlegene Konkurrenz, auf Sizilien den Gesamtsieg in der traditionsreichen Targa Florio erzielt. Und technisch verdankt Porsche diese Leistung seinem späteren Vorstandsvorsitzenden Ernst Fuhrmann, der den sensationellen 1,5-Liter-Vierzylinder-»Fuhrmann-Motor« entwickelt hat. Bei Mercedes debütieren 190 (180 mit gedrosseltem 190 SL-Motor), 220 S (wie 220a mit 100 statt 85 PS und mehr Chromverzierungen), ergänzendes Cabriolet mit Hüftschwung und noch mehr Chrom sowie der grundehrliche, fast chromlose 219 mit dem 85-PS-Motor des früheren 220a. Trotz sinkender Umsätze bleiben auch die Klein- und Kleinstwagenhersteller bei ihren Leisten. Maico, berichtet

Die Besucher des Genfer Salons erleben die Premiere des ersten deutschen Serienautos mit Glasfaser-Kunststoff-Karosserie

Graf von Seherr-Toss in seinem Standardwerk »Die deutsche Automobilindustrie«, beginnt im Juli den Bau der viersitzigen Limousine Maico 500 mit wassergekühltem 18-PS-Zweizylinder-Zweitaktmotor, Vierganggetriebe, unabhängiger Radaufhängung vorn und hinten (Gummi-Torsion vorn, Schraubenfedern hinten) und 95 km/h Spitze. Victoria in Nürnberg und Friedrich in Traunreut bauen gemeinsam in Traunreut den »Spatz«. Zündapp kauft die Lizenz zur Herstellung des Dornier Delta (vordere Passagiere schauen nach vorn, hintere nach hinten, zwischen den Reihen knattert das Motörchen), der ab August als »Zündapp Janus« produziert wird.

In der DDR war auf der Basis eines Vorkriegs-DKW in Zwickau der IFA F9 entstanden. Nun präsentiert ihn das Automobilwerk Eisenach (AWE) mit neuer viertüriger Sechs-Fenster-Karosserie und demselben 0,9-Liter-Dreizylinder-Zweitaktmotor als Wartburg. Mit 37,5 PS bei 4000 U/min erreicht er 115 km/h. Von wesentlich größerer Bedeutung für die Bevölkerung ist jedoch der P70 Trabant, dessen Vorserie im Vorjahr angelaufen war und der ebenso erfolgreich wie bescheiden die Rolle des DDR-Volkswagens übernimmt. Sein 690-cm^3-Zweizylinder-Zweitaktmotor leistet bei 3500 U/min 22 PS, liegt vor der Vorderachse und treibt über ein Dreiganggetriebe die Vorderräder an. Dass er das erste in nennenswerten Stückzahlen hergestellte deutsche Auto mit Kunststoffkarosserie ist, liegt keineswegs an einer Vorliebe seiner Väter für dieses Mate-

Simca spart noch nicht und stellt in Paris zwei bildhübsche neue Versionen der Aronde vor

rial. »IFA-Generaldirektor Kurt Lang hatte die Zeichen der Zeit erkannt«, schreibt Peter Kirchberg in seinem umfassenden Buch »Plaste, Blech und Planwirtschaft«. Embargo des Westens und Produktionsarmut im Osten drohten vielmehr mit einem solchen Mangel an Tiefziehblechen, dass angestrebte Trabant-Stückzahlen damit nicht zu decken waren und IFA das Wagnis einging, sein Glück mit »Plaste« zu machen.

Die Enteignung des Suezkanals durch den ägyptischen Ministerpräsidenten Gamal Abd el-Nasser am 26. Juli, der nachfolgende Krieg und die Blockade des Kanals durch versenkte Schiffe treiben den Erdölpreis und motivieren vor allem die französische Automobilindustrie, sparsamere Autos zu entwickeln. Immerhin bietet Citroën schon im Herbst mit der ID 19 eine abgespeckte Version der DS an: ohne Kupplungsautomat und also branchenüblich mit drei Pedalen, ohne Servolenkung und deshalb mit größerem Lenkrad. Der Motor identischen Hubraums von 1911 cm^3 ist gedrosselt und leistet nun 62 PS bei 4000 U/min statt 75 bei 4500. Auf der Basis des im Vorjahr präsentierten 403 stellt Peugeot auf dem Pariser Salon im September einen fünftürigen Kombi und ein zweisitziges Cabriolet vor. Dank auf 7,4:1 statt 7,0:1 erhöhter Verdichtung steigt die Leistung des sonst identischen 1,5-Liter-Motors im Cabrio geringfügig von 58 auf 61 PS. Bemerkenswerter und auch in der deutschen Fachpresse vielgerühmte technische Neuheit ist hingegen der thermostatisch geregelte Kühlerventilator. Der läuft nur, wenn er wirklich benötigt wird, und trägt dadurch zur Benzinersparnis bei. Simca spart noch nicht und stellt in Paris zwei bildhübsche neue Versionen der Aronde vor, das Coupé Plein Ciel und das Cabriolet Océane. Mit 57 PS ist ihr 1,3-Liter-Motor der bisher leistungsstärkste der Aronde-Baureihe. Schon im Frühjahr auf dem Genfer Salon hat Renault ein neues Erfolgsmodell lanciert, die Dauphine, die sich vor allem durch

1956

Nicht nur von außen der Hingucker des Jahrhunderts: Citroen ID 19.

ihre gefällige Karosserie vom Vorgänger, dem ebenfalls heckmotorisierten 4 CV mit hinterer Pendelachse, unterscheidet, dem noch Professor Ferdinand Porsche während seiner französischen Gefangenschaft zu akzeptablen Fahreigenschaften verholfen hatte. Bugatti, Delage oder Delahaye sind schon Geschichte, aber noch gibt es sportlichen Luxus auch in Frankreich. Talbot-Neuheit ist der 2500 Lago Sport Special, dessen 2,5-Liter-Vierzylinder-Motor mit zwei seitlichen Nockenwellen mit 130 PS zehn PS mehr leistet als der bisherige Lago Sport und 195 statt 185 km/h erreicht. Die Rohre, die seine Chassis-Längsträger bilden, laufen gekröpft unter der Hinterachse durch. Mit einem Plymouth-V8-Motor von 4,9 Liter Hubraum mit 253 PS Leistung bringt es die viertürige, ohne Mittelpfosten konstruierte Luxus-Sportlimousine Facel Vega FVS Excellence ebenfalls auf 190 km/h. Sie ist 5,24 Meter lang.

In Italien herrscht Trauer: Nach dem Zusammenstoß mit der schwedischen »Stockholm« im Atlantik sinkt am 25. Juli die »Andrea Doria«, das laut Staatspräsident Giovanni Gronchi »sichtbare Symbol des italienischen Wiederaufstiegs auf den Weltmeeren«. Zum Nationalstolz der Italiener trägt indessen erheblich ein Automobilhersteller bei: »Wenn unsere Marke das Ansehen von Alfa Romeo hätte, könnten wir uns viele Werbe-Millionen sparen«, wird der Vorstandsvorsitzende eines bayerischen Herstellers zitiert. Nach dem Riesenerfolg der 1954 und 1955 vorgestellten Giulietta Sprint und Giulietta Spider folgen unter ähnlichem Jubel die Giulietta Sprint Veloce und Spider Veloce. Vor allem dank von 8,5:1 auf 9,1:1 gestiegener Verdichtung leisten ihre 1290-cm^3-Motoren nun 90 PS bei 6500 U/min und laufen 180 statt 165 km/h. Völlig anderen Charakter zeigt auf dem Turiner Salon die attraktive, wie die Alfa Spider von Pininfarina gezeichnete viertürige Limousine Lancia Flaminia, deren erste Version mit 2,5-Liter-V6-Motor und 103 PS immerhin 160 km/h läuft.

Das leicht angestaubte Image englischer Sportwagen frischt der im Vorjahr erstmals gezeigte MG A unerwartet kräftig auf, nicht zuletzt in den USA, wo er 50 Jahre später noch immer in Kalifornien zu sehen sein wird. Die Leistung seines 1,5-Liter-Vierzylinder-Motors wird leicht von 69 auf 72 PS angehoben, die Spitze von 152 auf 155 km/h. Mit Zweilitermotor, 96 PS und Spitze 170 km/h schlägt sich der Triumph TR3 auch kaum besser, aber beide stärken bei Sportwagenfreunden die Überzeugung, die Englischen seien preiswert, knochenhart und nicht sehr wasserdicht. Bedauert wird derweil, dass ein Prototyp aus Schweden nicht in Serie geht. Der Saab Sonett, im Frühjahr in Stockholm vorgeführt, hat den Dreizylinder-750-cm³-Motor des Saab 93, leistet nun aber 57 statt 33 PS bei einem Gewicht von nur 500 kg. Derzeit bringt selbst das Leichtgewicht VW Käfer 750 kg auf die Waage.

Bugatti, Delage oder Delahaye sind schon Geschichte, aber noch gibt es sportlichen Luxus auch in Frankreich

In den USA beginnt das Wettrennen um die leistungsstärksten, längsten, breitesten und niedrigsten Straßenkreuzer. Im Dezember erscheint auf der New Yorker Automobilausstellung der Cadillac Eldorado Brougham, gut fünfeinhalb Meter lang, mit 309 SAE-PS bei 4700 U/min leistendem Sechsliter-V8-Motor, der das Schiff bis auf 180 km/h bringen soll. Neben eleganten Doppelscheinwerfern hat dieser Cadillac auch eine technische Neuheit zu bieten. Er ist der erste amerikanische Wagen mit Luftfederung. Die zentrale Druckluftanlage versorgt die vier Radfederungselemente und die Niveauregulierung. Chrysler kontert mit seinem ebenso langen Imperial 300 B, der bis zu 225 km/h erreichen soll und dessen 5,8-Liter-V8 345 SAE-PS bei 5200 U/min leistet. Fords Spitzenmarke

Continental treibt es ähnlich mit ihrem Mark II, dessen V8-Motor über sechs Liter Hubraum verfügt, ähnlich lang und 180 km/h schnell ist. Ford befand, der Continental habe es verdient, mit Rolls-Royce verglichen zu werden. Um dies zu betonen, wird wie beim Aushängeschild Großbritanniens die Motorleistung verschwiegen. Vernünftige 43 Zentimeter kürzer ist der Golden Hawk, das Topmodell von Studebaker, das auf Entwürfen des berühmten Industriedesigners Raymond Loewy beruht. Dank des Zusammenschlusses mit Packard zur Studebaker-Packard Corporation zwei Jahre zuvor verfügt der Golden Hawk über eine 5,8-Liter-Packard-V8-Maschine, die 279 PS leistet und dem Wagen zu einer Spitzengeschwindigkeit von 200 km/h verhilft. Vor allem die Produkte der »großen Drei«, Chrysler, Ford und General Motors, begegnen zunehmender Kritik amerikanischer Verbraucherorganisationen, weil sie »unsafe at any speed« und von minderer Qualität seien. Eine rühmliche Ausnahme bildet die 1925 gegründete Firma Checker, die derzeit noch auf Taxis spezialisiert bleibt und erst zwei Jahre später Personenwagen auch für den Privatbedarf anbieten wird. Industriekritiker Vance Packard zitiert in seinem Buch über »Die große Verschwendung« einen begeisterten Checker-Kunden, der New Yorker Taxifahrer nach ihren Erfahrungen befragt hatte: »Er wurde vor allem wegen seiner Zuverlässigkeit sehr gelobt. Einstimmig erklärten sie, er laufe 150 000 Kilometer, ohne daß ein Ventil oder ein Kolbenring ausgewechselt werden müsse.« Manche seien 400 000 Kilometer mit ihrem Checker gefahren, und: »Die vier Kotflügel sind mit Schrauben befestigt; wenn sie beschädigt sind, kostet das Auswechseln nur ungefähr 25 Dollar.«

Mancher Taxifahrer fährt 400 000 Kilometer mit dem Checker

Der deutsche Schauspieler Heinz Erhardt
freut sich in Hamburg über das Goggomobil.

1957: Die Automobilindustrie versteht keinen Spaß, in Frankreich wird das Benzin rationiert und der 300 SL Roadster löst den »Flügeltürer« ab

»Zu dieser Sylvesteransprache«, sagt Bundespräsident Theodor Heuss, »habe ich so manche Vorschläge wohlmeinender Leute erhalten, über was ich reden solle, ... etwa, ich möge eine Predigt über die lebensgefährdende negative Verkehrsdisziplin der Deutschen halten, die in der Tat erschreckend ist, wenn man an die Selbstzucht und gegenseitige Rücksichtnahme der Straßenbenutzer denkt, die ich bei Besuchen in England immer als für uns beschämend empfand.«

»Die Treibstoffrationierung gehört zu den konkurrenzlos mißlungenen Leistungen der Regierung Mollet«, erfährt der Leser ebenfalls am 2. Januar aus Frankreich in der »FAZ«. »Im Dezember hieß es (offiziell natürlich), daß achtzig Prozent des Bedarfs ... befriedigt werden würden.« Tatsächlich wird die monatliche Grundzuteilung von 20 Liter für die kleinen und die von 30 Liter für die großen Wagen im Januar um je fünf Liter gekürzt. »Wer bekommt also die fünfundachtzig oder die achtzig Prozent? Die Schwarzkäufer.« Und der Paris-Korrespondent der »FAZ« zitiert einen berühmten Montmartre-Chansonnier: »Es fehlt uns gar nicht an Benzin, es fehlt nur an Bezugscheinen ...« Derweil begrüßt Bundeskanzler Konrad Adenauer die Bewohner des Saargebiets nach ihrem Votum für die Bundesrepublik als wieder neue deutsche Bürger.

Nicht zuletzt in der wirtschaftswunderlichen Bundesrepublik kommt die Automobilindustrie dem Streben der Käufer nach Größerem entgegen. Carl F. W. Borgward stellt auf dem Genfer Salon erstmals einen Goliath mit Viertakt-Motor vor. Der Boxer mit 1100 cm^3 leistet 40 PS und bringt den bis dahin schnellsten Serien-Goliath auf 125 km/h. Borgwards beliebter Lloyd Alexander erhält ein vollsynchronisiertes Getriebe und eine komfortablere Federung. Und Mercedes-Benz löst den berühmten »Flügeltürer« 300 SL durch den 300 SL Roadster ab, dessen Motorleistung mit

Trans Europ Express der DB und SNCF-Schnellzuglok BB. Die französische Weltrekord-Lok CC erreichte 1955 schon 331 km/h!

1957

225 PS bei 5900 U/min höher ist als die 215 PS bei 5700 U/min des »Flügeltürers«, während die Spitzengeschwindigkeit aufgrund der Karosserieform von maximal 267 km/h auf 243 km/h zurückgeht. Die Eingelenk-Pendelachse haben die Ingenieure nun mit einer Ausgleichsfeder versehen. Der inneren Sicherheit dienen versenkt angeordnete Bedienungsknöpfe. Sein Preis: 32 500 DM. Die Sportwagen aus Stuttgart-Zuffenhausen werden indessen immer schneller. Der neue Porsche 356 Carrera GT (nur 1498 cm^3 Hubraum, 110 PS bei 6400 U/min) läuft gut 200 km/h und erfreut Ferry Porsche und seine Ingenieure mit ansehnlichen Sporterfolgen.

Im Februar, hat Hanns-Peter Rosellen in seinem Buch »Ford-Schritte« festgehalten, ruhten die Fließbänder in Köln-Niehl für kurze Zeit: »Seine Tollität Willy III., Prinz Karneval 1957, reiste mit seinem Hofstaat« zu den Ford-Werken, um dort 60 Schleppwagen für den Rosenmontagszug zu übernehmen. Dabei ärgerten sich die Ford-Leute, weil sie immer nur die Schleppwagen stellen durften, »das Prinzenpaar selbst fuhr nicht in Ford-Autos, sondern in VW-Cabriolets, die der Kölner VW-Vertreter Fleischhauer stellte.« Derweil gelangte der neue 17M, intern P2 genannt, ins Endstadium seiner Entwicklung und Produktionsvorbereitung. Am 29. August ließ die Werbeabteilung bei der Pressevorstellung der zweiten Nachkriegs-Neukonstruktion die Schlagersängerin Gitta Lind im Kölner »Stadtwald-Restaurant« singen: »Fahren auch Sie den neuen Taunus, Fahr'n auch Sie den 17M«. Wegen des dank amerikanischer Eingriffe in die Entwicklung unplanmäßig höheren Gewichts reichte der ursprünglich vorgesehene 1,5-Liter-Motor des 15M nicht und musste durch einen neuen 1,7-Liter-Motor ersetzt werden, womit das Auto allerdings noch immer nicht die Wurst vom Brot zog. Das war wohl auch gut so; denn »die Bremsen waren schlecht und blieben schlecht«, zitiert Joachim Kuch einen Tester in seinem Buch »Seit 1925 Ford in Deutschland«. In den USA brilliert die Ford Motor Company mit großen Erfolgen. Erstmals seit 1937 baut sie mit 1 494 000 Autos wieder mehr als Chevrolet (1 456 000). Der V8-Motor des Straßenkreuzers Fairlane leistet mit auf Wunsch lieferbarem Kompressor bis zu 300 PS, und erstmals seit dem Peugeot 402 Coupé von 1937 kann der Fahrer das Hardtop des Fairlane 500 Skyliner elektrisch im Kofferraum verschwinden lassen.

Mao Tse-Tung zeigt in seinen »Worten des Vorsitzenden« bisweilen frappierende Klarsicht. Am 12. März zum Beispiel sieht er ein: »Der Kampf für die Festigung des sozialistischen Systems, der Kampf zwischen Sozialismus und Kapitalismus um die Entscheidung, wer wen endgültig besiegt, wird sich bei uns noch über eine sehr lange Geschichtsperiode erstrecken.« Und an anderer Stelle völlig überzeugend: »Unsere grundlegendste Aufgabe ... besteht darin, ... die Frauen für die Produktionsarbeit zu mobilisieren.«

»Außerhalb geschlossener Ortschaften gelten keine Geschwindigkeitsbegrenzungen für Personenkraftwagen und Motorräder«

»Die Höchstgeschwindigkeiten für Kraftfahrzeuge werden nun doch wieder begrenzt«, meldet die »dpa« am 3. Juli. Die 1952 gesetzlich verankerte Befreiung der Personenkraftwagen werde wieder aufgehoben, innerhalb geschlossener Ortschaften solle die Höchstgeschwindigkeit für alle Kraftfahrzeuge 50 km/h betragen. »Außerhalb geschlossener Ortschaften gelten keine Geschwindigkeitsbegrenzungen für Personenkraftwagen und Motorräder.« Das waren noch Zeiten. Aber »dieser Tage ist wieder ein ausländischer Wagen auf der Autobahn verunglückt … Die sehr griffige zementene Autobahndecke ging am Unfallort unvermittelt in ein Kopfsteinpflaster über, auf dem der Wagen ins Rutschen kam. Schon für die Einheimischen, die die Autobahn kennen, ist diese ›Autofalle‹ tückisch. Dem Ausländer kann diese besondere Gefahr nicht bekannt sein. Warum beseitigt man diese Gefahrenstrecken nicht, indem man die gepflasterten Teile der Autobahn überteert?«, fragt am 26. Juli die »FAZ«. Die Mopedfahrer seien vorderhand »die einzigen Zwischengewinner des Wahlkampfes«, schreibt »Christ und Welt« Ende Juli und zitiert einen »Bonner Politiker, der im Verkehrsausschuß ein gewichtiges Wort zu sagen hat. ›Führerschein für Mopeds? Gehen Sie mir vom Leibe damit – bis nach den Wahlen!‹«

Am 1. August übernimmt die Deutsche Bundesbank in Frankfurt am Main die Aufgaben der Nachkriegskonstruktion Bank Deutscher Länder. Der Bestand der Personenwagen übertrifft in der Bundesrepublik erstmals die Zahl der angemeldeten Motorräder. Im Mai halten in einer Repräsentativumfrage 37 Prozent der Bevölkerung die Ausgabe von VW-Volksaktien für eine gute Idee. Fünf Jahre später werden nur fünf Prozent der Befragten antworten, sie besäßen welche.

Auf der IAA in Frankfurt am Main stellt Hans Glas den noch nicht fahrtüchtigen Prototyp des Goggomobil T 600 vor. Damit will Glas von seinem Mini Goggomobil, dessen Gesamtauflage nun 75 000 Exemplare erreicht, in die nächsthöhere Automobilklasse aufsteigen. auto, motor und sport hält den T 600 für »einen frechen Fußtritt gegen das Schienbein der Konkurrenz«. Die allerdings wird zahlreicher. Ins selbe Marktsegment treten zum Beispiel NSU mit seinem heckmotor-getriebenen Prinz, dem ersten Auto des Hauses seit 1929, und der BMW 600, dessen Karosserie schon wie die Miniaturausführung späterer »Großraum-Limousinen« wirkt.

Hier basteln Jugendliche 1957 an einem Knatter-Zweirad von DKW.

Der neue Mercedes-Kleinbus O 319 bezieht Stabilität und Komfort der Pkw-Bodengruppe von Mercedes 180 und 220, wie andererseits Borgward seinen 1,5-Tonnen-Lieferwagen vom 1,5-Liter-60-PS-Benzin- oder vom 1,8-Liter-42-PS-Dieselmotor der Isabella antreiben lässt. In der Mittelklasse spielt Opel mit seinem Olympia Rekord seit 1953 den Hecht im Karpfenteich. Der auf der diesjährigen IAA vorgestellte Olympia Rekord P 1, erstmals mit Panoramascheiben, wird nach drei Produktionsjahren eine Stückzahl von 848 000 erreicht haben.

In der DDR sprudelt das Automobilwerk Eisenach (AWE) einen Neuheitenregen. Auf der Basis des Wartburg 311 erscheint die Limousine de Luxe 311.1, das Coupé 311.3 aus dem Karosseriewerk Meerane, die Camping-Limousine 311.5 aus Dresden, die Rechtslenker-Limousine 311.6 aus Eisenach, der Sportwagen 311.1 aus Dresden und Eisenach und nicht zuletzt aus Dresden das Einsatzfahrzeug 311.4 für die Volkspolizei. Der sozialistische Plan hatte eine zweitürige Limousine vorgesehen. Bezirksdirektor Martin Zimmermann jedoch hält einen Viertürer für angemessen, wie Peter Kirchberg in seinem Werk »Plaste, Blech und Planwirtschaft« erinnert. »Auf eigenes Risiko und auf eigene Kosten« entwickelt Eisenach darauf die viertürige Karosserie. So etwas heißt dazumal »Schwarzentwicklung«. Kirchberg: Dies »bedeutete keineswegs, dass alles im Geheimen vor sich gehen musste. Vielmehr lag hierfür keine ›Planlegitimation‹ vor. Damit entfiel für die zuständigen Leitungen in Industrie und Ministerium die Verantwortung, weshalb sie solchen ›Schwarzentwicklungen‹ mitunter recht wohlwollend gegenüberstanden und sie duldeten«.

Einen »Schwarzen Tag« beklagt »Die Welt« am 23. September: »Über drei große Tote muß berichtet werden. König Haakon von Norwegen, für den die Fahnen der Bundesrepublik auf Halbmast wehen. Bertha Krupp, die Herrin von Villa Hügel, mit der eine Epoche versinkt. Und Jean Sibelius, der greise Komponist, der als größter Sohn Finnlands von seinen Landsleuten betrauert wird.« Schlimmer jedoch empfindet die deutsche Öffentlichkeit den Untergang der »Pamir«, die während eines Hurrikans mit 87 Mann an Bord, darunter 52 Schiffsjungen, im Atlantik versinkt.

Der Hamburger Polizeipräsident Georges sagt, rund 20 Prozent aller Kraftfahrer in der Bundesrepublik seien körperlich, geistig oder charakterlich nicht geeignet, ein Kraftfahrzeug zu steuern, vermeldet das Blatt am 5. Oktober. Jeder Kraftfahrer, fordere Georges, solle im Abstand von fünf oder zehn Jahren auf körperliche und geistige Fähigkeiten untersucht werden, damit ungeeignete Fahrer ausgeschaltet und die Verkehrsunfälle vermindert werden könnten.

In der DDR sprudelt das Automobilwerk Eisenach (AWE) einen Neuheitenregen

Auf dem Londoner Autosalon präsentiert Colin Chapman in diesem Monat zur Begeisterung nicht nur britischer Sportwagenfreunde seinen Lotus Elite mit selbsttragender Kunststoff-Karosserie, dessen 1216-cm^3-Vierzylinder-Motor von Coventry Climax bei 6100 U/min 76 PS leistet und das harmonisch gezeichnete Coupé auf 190 km/h bringt. »Mit ihm bot Chapman dem englischen Autofahrer eine ebenbürtige Alternative zu den Alfa Romeo und Porsche«, vermerkt Roger Gloor in seinem Standardwerk »Nachkriegswagen«. Jaguar lässt dem legendären XK 120 und dem XK 140 den XK 150 folgen, den nun eine gewölbte statt der geteilten Windschutzscheibe und ein dezent verbreitertes Kühlergitter ziert. Dieser Jaguar ist als erster serienmäßig mit Vierrad-Scheibenbremsen

IA 07

1957

Der neue Trabant im Straßenverkehr. DDR-Originaltext: »Vor den ›Großen‹ braucht sich der Fahrer des ›Trabant‹ nicht zu fürchten, denn in 10 Sekunden vom Stand auf ein 50er Tempo zu kommen, genügt vollauf.« Rechts daneben ein EMW (Eisenacher Motorenwerke).

ausgestattet, vorher bereits erfolgreich in den 24 Sunden von Le Mans erprobt. Ab September liefert Jaguar auf Wunsch auch die Limousinen 2.4 und 3.4 Litre mit Scheibenbremsen.

Der italienischen Massenmotorisierung erteilt Fiat mit der Nuova 500 einen deutlichen Anstoß. Ihr luftgekühlter Zweizylinder-Heckmotor leistet zunächst 13 PS bei 4000 U/min. Das reicht, um das Wägelchen von 297 cm Länge auf eine Höchstgeschwindigkeit von 85 km/h zu bringen. Sein Vierganggetriebe, wir haben es ausprobiert, lässt sich notfalls auch ohne auszukuppeln schalten. Die Herzen von Automobilliebhabern lässt naturgemäß Alfa Romeo höher schlagen. Der Giulietta Berlina (= Limousine) lässt Alfa die Giulietta T.I. folgen, deren stets 1290 cm^3 großer Motor nun 65 PS bei 6100 U/min leistet, was für eine Höchstgeschwindigkeit von rund 160 km/h reicht. Absolute Begeisterung erzeugen darüber hinaus die Karossiers Bertone und Zagato, die mit den Giulietta SS (Sprint Speciale) und Giulietta SZ (Sprint Zagato) die schönsten und im Sport erfolgreichsten Automobile ihrer Klasse präsentieren. Die Motorleistung beider Modelle beträgt beim Hubraum von ebenfalls 1290 cm^3 zunächst 100 PS, ihre Höchstgeschwindigkeit über 200 km/h. Bertones SS überzeugt durch langgestreckte Eleganz, Zagatos SZ durch aggressiv wirkende kompakte Rundheit. Hinreißend sind beide.

Italienischer Star
Anna Maria Ferrero (geb. Guerra) auf der Kühlerhaube einer Alfa Romeo Giulietta.

1958: Es geht aufwärts. Mit Hubraum, Leistung, Luxus und Geschwindigkeit

Am 1. Januar treten die Römischen Verträge zur Gründung der Europäischen Wirtschaftsgemeinschaft in Kraft. Tags drauf nimmt in West-Berlin das Bundeskartellamt seine Arbeit auf, in Flensburg das Verkehrszentralregister (vulgo: die Verkehrssünderkartei). Die Bundesrepublik Deutschland avanciert mit 1,3 Millionen Einheiten dank der rund 600 000 VWs zum zweitstärksten Automobilproduzenten der Welt. In den USA sind es 4,2 Millionen. Selbst die Sowjetunion stellt mit 125 000 Automobilen mehr als doppelt so viele her wie Japan (51 000). In China wird das allererste Auto gefertigt.

Das deutsche Wirtschaftswunder bläst zum Halali auf die Nachkriegs-Kleinstwägelchen. Die Produktion der Winzlinge mit weniger als 500 cm^3 Hubraum schrumpft um mehr als 30 Prozent. Dennoch fertigt die Fahrzeug- und Maschinenbau GmbH Regensburg ab 2. Mai den FMR Tg 500, eine vierrädrige Version des dreirädrigen früheren Messerschmitt- und nun FMR-Kabinenrollers. Ursprünglich soll dieser Flitzer Tiger heißen, stellt Hanns-Peter von Thyssen-Bornemissza in seinem Nachschlagewerk »Europäische Kleinwagen« fest, aber weil Krupp in Essen diesen Namen schon für Lastwagen schützen ließ, weichen die

Regensburger auf das prosaische Kürzel aus. Laut Prospekt bringt der 490-cm^3-Fichtel & Sachs-Zweitakt-Motor mit Gebläsekühlung jedes der beiden Zylinder dieses Gefährt auf 126 km/h. Zeitzeugen berichten aber, dass nahezu jedes Exemplar mindestens 130, wenn nicht 135 km/h erreicht. Unfälle schon bei geringeren Tempi bekommen den beiden hintereinander sitzenden Insassen des knautschzonenarmen »Tigers« gar nicht gut. Die Firmenleitung erwägt deshalb ernsthaft, ihn nur an Kunden zu verkaufen, die ihren Führerschein schon mehrere Jahre besitzen.

Das deutsche Wirtschaftswunder bläst zum Halali auf die Nachkriegs-Kleinstwägelchen

Erfolgreiche kleine Automobile haben zum Ende des Jahrzehnts einen Hubraum von 600 cm^3 und mehr, so zum Beispiel NSU in Gestalt seines Prinz und des nun überraschend vorgestellten Sport-Prinz, dessen Karosserie Bertone gestaltet hat und zunächst auch herstellt. Sein Motor leistet 30 PS bei 5700 U/min, seine Höchstgeschwindigkeit gibt NSU mit 130 km/h an, und Altmeister Roger Gloor beschreibt ihn in seinem Werk »Nachkriegswagen« so: »Die elegante saubere Linie mit Fließheck, den vorkragenden Kotflügelabschlüssen und großzügigen Fensterflächen hielt hinsichtlich Vollkommenheit einem Vergleich mit dem ebenfalls bei Bertone geschaffenen Alfa Romeo Giulietta Sprint durchaus stand!« Altmeistern darf man auch Übertreibungen nachsehen. Zwar gibt es den Sport-Prinz noch nicht mit Wankel-Motor, aber die NSU-Werke AG, Neckarsulm, und die Wankel GmbH, München, freuen sich über die erste Lizenzvergabe: an die Curtiss-Wright Corp. »für alle technischen Bereiche und Verwendungszwecke«.

Bundesjugendspiele: mit oftmals grimmigem Ernst betriebene deutschlandweite Sportveranstaltung. An manchen Schulen galt die Teilnahme als Pflicht.

Hans C. Graf von Seherr-Toss erinnert in seinem Buch »Die Deutsche Automobilindustrie« an die Gründung der Borgward do Brasil S.A., für die Carl F. W. Borgward 250 Millionen Cruzeiros oder 8,25 Millionen DM aufwendete. Derweil produzieren auch das argentinische Gemeinschaftswerk Dinfia, die Borgward South Africa Ltd. und das philippinische Montagewerk Borgward-Lastwagen und die Isabella.
Borgwards Lloyd-Motorenwerke entwickeln aus dem 19-PS-Alexander den Alexander TS. Auch dank eines Solex-Vergasers mit Beschleunigerpumpe leistet der Motor des sportlichsten Lloyd nun 25 PS bei 5000 U/min und macht ihn damit bis zu 110 km/h schnell. Die Hinterachsaufhängung besteht aus gezogenen Längsschwingen mit Schraubenfedern. Der Preis: 4250 DM. Auf Wunsch gibt es den Alexander TS auch mit der automatischen Kupplung Saxomat. Auf der Basis des Alexander TS überrascht der Karossier Pietro Frua auf dem Turiner Salon dieses Jahres mit einem bildhübschen Coupé, das ab Februar 1959 ausgeliefert wird. Vier Meter lang, 1,45 Meter breit und nur 1,28 Meter hoch. Der Preis für seine 500 Kilogramm: 5980 DM.

Den Saxomat bietet Borgward auch für den im Herbst präsentierten Hansa 1100 des Modelljahrs 1959 an. Auf Hansa, die Borgward-Vorgängermarke, ist nämlich inzwischen der Goliath umbenannt worden, Borgwards mittlere Baureihe. Der Hansa 1100 wartet außerdem mit einer Karosserie-Neuheit auf, der später viele andere Automobilhersteller folgen: Seine Rücksitzlehne ist zweigeteilt und lässt sich hinunterklappen. So ergibt sich ein für Limousinenverhältnisse ungewohnt großes Gepäckraumvolumen. Die Zulassungszahlen der Borgward Isabella wachsen auch in den USA. 1955 verkaufte Borgward dort erst einmal 144 Isabellas, 1958 sind es indessen schon 8000. Und der »Große Borgward«,

Das zur Expo`58 in Brüssel errichtete Atomium, heute ein Wahrzeichen der belgischen Hauptstadt.

der auch noch Hansa heißt, erhält das zusammen mit der britischen Hobbs Transmission Ltd. entwickelte Automatikgetriebe Hansamatic.

Den Porsche Speedster löst der Convertible D ab, dessen Karosserie Drauz in Heilbronn herstellt (daher das D in der Modellbezeichnung). »Er hat eine höhere Windschutzscheibe, ein Verdeck mit größerer Heckscheibe und Kurbelfenster«, erinnert Le-Mans-Sieger Jürgen Barth in seinem »Großen Buch der Porsche-Typen«. In diesem Jahr werden 386 Exemplare des 855 kg leichten Convertible mit seinem 1,6-Liter-Motor mit 60 oder 75 PS Maximalleistung und ab September dem Synchrongetriebe Typ 716 gebaut.

Den Mercedes 300d bestückt Daimler-Benz erstmals serienmäßig mit der Bosch-Einspritzanlage für die Ansaugleitung von Viertaktmotoren. Das bringt eine Benzinersparnis von 15 Prozent, eine Leistungssteigerung um zehn Prozent und mithin eine flottere Gangart. Darüber freut sich nicht zuletzt Adenauers Chauffeur Peter Seibert.

Seinen Erfolgstyp Olympia Rekord versieht Opel mit nach amerikanischer Manier gestalteter, weit um die Ecken bis in den Fronttürbereich herumgezogener Windschutzscheibe. Und die wahlweise eingebaute automatische Kupplung von Fichtel & Sachs heißt hier nicht mehr Saxomat, sondern Olymat. Jedenfalls verkauft Opel vom Olympia Rekord innerhalb von drei Jahren bemerkenswerte 848 000 Stück.

Ebenfalls mit Panoramascheiben vorn und hinten nach Yankee-Geschmack gestaltet ist der Opel Kapitän P1. Trotz seiner untadeligen, wenngleich nur 80 PS leistenden 2,5-Liter-Maschine und auf Wunsch lieferbarem Overdrive-Getriebe stellt Opel dessen Produktion allerdings schon im Jahr darauf wieder ein. Form follows function, weiß man schon damals in anspruchsvollen Kreisen, Styling ist Geschmacksache. Die um die Ecken gezogenen Scheiben, zudem das hinten hübsch heruntergezogene Dach machen den Passagieren den Einstieg schwer. So schreiten immer weniger potenzielle Kapitän-Käufer in die Opel-Läden. Der P1 erreicht gerade einmal 34 842 Einheiten. Nicht völlig kritiklos, aber dennoch diesem geneigt ist ein zeitgenössischer Autor der »Zeit«: »Der Freund also, dem ich raten würde, sich lieber heute noch als morgen einen Opel Kapitän zu kaufen, sieht etwa so aus: Er (oder seine Firma) kann zehntausend Mark (und monatlich etwa 200 Mark Unterhaltskosten, ohne Benzin) gut entbehren und möchte dafür die Möglichkeit eintauschen, zuverlässig, sehr schnell und mühelos um die tausend Kilometer am Tag zurückzulegen; er möchte einen schönen Wagen fahren, ohne allzu feierlich oder offiziell zu wirken ...«

Form follows function, Styling ist Geschmacksache

Die Luk Lamellen und Kupplungen August Häussermann GmbH in Esslingen-Mettingen entwickelt für Autos bis zur Mittelklasse den Lukomat, eine automatische Fliehkraft-Kupplung, und Fritz Oswald erinnert sich bei Ate in Frankfurt am Main der Vorteile des negativen Lenkrollradius, der 1931 in den USA entwickelt und patentiert worden war.

Continental Motors in Detroit, Citroën in Paris, in Neu Delhi die Regierung von Indien und Rolloy Piston Company in Port Melbourne erwerben von MAN Lizenzen zur Fertigung der Vier- und Sechszylinder-M- und FM-Vielstoff-Dieselmotoren.

Bundesinnenminister Dr. Gerhard Schröder als Vorsitzender des Bundesgesundheitsrates sagt diesem am 15. Juli 1958: »Durch die zunehmende Industrialisierung und Motorisierung hat die Luftverunreinigung durch Staub und Abgase einen solchen Grad angenommen, daß erhebliche Besorgnisse begründet sind.«

Simcas Erfolgsmodell Aronde, auch in Mitteleuropa immer beliebter, erhält die Bezeichnung P60, wegen Personalisierung, denn das Angebot wird erheblich vergrößert und umfasst zum Beispiel vier verschiedene Motoren mit 1,1 Liter und 40 PS sowie 1,3 Liter mit 45, 48 und 57 PS.

»L'Auto è Femmina« lautet der Titel eines italienischen Buches, das Auto ist ein Weibchen. So galt es seit jeher auch in Frankreich. Doch einem Antrag Jean Cocteaus entsprechend verfügt die Académie Francaise, l'auto, das Auto, sei künftig männlich. Allerdings wird wohl mindestens so häufig von der voiture gesprochen. Und die wird stets weiblich bleiben.

Die American Motors Corporation, 1954 aus der Fusion von Hudson und Nash hervorgegangen, streicht die Marke Nash aus ihrem Portfolio und macht Ambassador, die frühere Prestige-Linie von Nash, zur Oberklassenmarke ihres Einheitsprogramms namens Rambler. Den Ambassador dieses Jahres mit umdekorierter Rambler-Karosserie von 508 Zentimetern Länge treibt ein 5,4-Liter-V8-Motor an, der 274 PS bei 4700 U/min leistet und den Wagen auf maximal 170 km/h bringt.

Ford erlebt die größte Pleite seiner Firmengeschichte. Die Modelle der neuen Submarke Edsel, so benannt nach dem 1943 verstorbenen Sohn von Henry I., der mehr als zweieinhalb Jahrzehnte lang Präsident der Ford Motor Company war, sollen nach

Meinung oftmals und wohl auch hier halbseidener Marketingstrategen in diesem ihrem ersten Baujahr 200 000-mal verkauft werden. Tatsächlich werden es 63 110. Das Buch »Auto Klassik« von Quentin Willson zitiert einen Komiker, der den Edsel vor allem wegen seines aparten senkrechten Kühlergrills beschreibt als »Wagen, der in eine Zitrone gebissen hat«.

Opel Kapitän 1958: 2,5-Liter-Sechszylinder-Motor, 80 PS, Panorama-Frontscheibe – ein Wagen für Aufsteiger.

1959: Dunlop-Scheibenbremsen im 3,2-Liter-BMW 502 Super V8, neue 220-Baureihe bei Mercedes-Benz, Porsche entfernt sich konsequent von VW

»Gemeinsamer Markt in Kraft«, überschreibt die »FAZ« am 2. Januar 1959 einen Elf-Zeilen-Artikel auf der Titelseite: »Es sind eine zehnprozentige Zollsenkung und eine Erhöhung der noch bestehenden Einfuhrkontingente um zwanzig Prozent geplant.« Das freut nicht zuletzt die Autokäufer, die nun nicht nur auf niedrigere Preise für Importwagen hoffen dürfen, sondern diese bald sogar mit dünnerer Brieftasche bar bezahlen könnten. Die Bundesbank kündigt nämlich an, erstmals 1000-DM-Scheine drucken zu lassen. Die noch britische Firma Dunlop liefert der deutschen Automobilindustrie bemerkenswerte Neuerungen. BMW stattet den

140-PS-3,2-Liter-502 Super V8 serienmäßig vorn mit Scheibenbremsen von Dunlop aus, auf Wunsch auch den 2,6-Liter. Im September erteilt Dunlop der Alfred Teves KG die Lizenz zur Herstellung ihrer Scheibenbremse. Und Dunlop SP Gürtelreifen, Textilcord in vier Lagen, gehören zur Erstausstattung von Auto Union 1000 SP und Porsche 356 Super 90. Nach und nach, berichtet Hans C. Graf von Seherr-Thoss in seinem Standardwerk »Die deutsche Automobilindustrie«, »verschwindet der letzte Lkw-Typ mit langer Motorhaube aus der Produktion« von Daimler-Benz. Und »Mitte August stellt Daimler-Benz ihre neuen, großen Mittelklassewagen mit 2,2-Liter-Motor vor: 220, 220 S und 220 SE«. Heinrich Lübke, am 1. Juli zum Bundespräsident gewählt, lässt sich im selben Dienstwagenmodell kutschieren, das schon sein Vorgänger Theodor Heuss bevorzugte: den Adenauer-Mercedes. Borgwards Lloyd Motorenwerke GmbH präsentieren die »Arabella« mit wassergekühltem 897-cm^3-Vierzylinder-Boxermotor, 38 PS, Höchstgeschwindigkeit laut Prospekt 120 km/h, zum Preis von 5490 DM. Graf Seherr-Thoss: »Sie übertrifft in ihrer Innenausstattung den üblichen Rahmen dieser Wagenklasse.« Zum Gesamtumsatz der Borgward-Gruppe in Höhe von 610 Millionen DM trägt die Marke Borgward selbst die Hälfte bei, Lloyd 30 Prozent, Goliath 20 Prozent. Die Jahresproduktion der Gruppe beträgt 48 000 Fahrzeuge, darunter 7000 Lkw. Nach der 1962 in Tübingen erschienenen »Kieler Studie« erfreut sich Lloyd 1959 in der Hubraumklasse bis 999 cm^3 eines Marktanteils von 45,6 Prozent, gefolgt von Fiat 600/NSU Jagst mit 21,2, BMW Isetta 250 und 300 sowie BMW 600 mit 18,3, DKW Meisterklasse und F 93 mit

Die Bundesbank kündigt an, erstmals 1000-DM-Scheine drucken zu lassen

Pausen-Imbiss während der Urlaubsfahrt.

1959

14,9 Prozent. Bei Opel in Rüsselsheim läuft nach 21 Jahren das 300 000. Exemplar des Spitzenmodells »Kapitän« vom Band. Derzeit entstehen täglich 170 Exemplare dieses Modells.
Die Volkskammer der DDR versieht ihre Staatsflagge mit dem Ährenkranz um Hammer und Sichel, und in Moskau wird der Vertrag über den Bau der Erdölleitung von Weißrussland nach Schwedt an der Oder unterzeichnet. In der Bundesrepublik haben 37 Prozent der Arbeitnehmer noch keinen freien Samstag, und es gibt erstmals nach dem Krieg weniger Arbeitslose als offene Stellen. »Um aber den Bedarf an Arbeitskräften zu decken, ist die Anwerbung von 9500 italienischen Arbeitern vorgesehen«, berichtet »Die Welt« am 8. April. Ein Drittel aller westdeutschen Autos haben ein Radio. Blaupunkt in Hildesheim baut Mitte Juni das einmillionste Autoradio.

In der Bundesrepublik haben 37 Prozent der Arbeitnehmer noch keinen freien Samstag

In Stuttgart-Zuffenhausen erfährt der Porsche 356 einen erheblichen Entwicklungsschub. Dem 356 A folgt der 356 B. »Er entfernt sich immer mehr von seinem Urahnen, dem Volkswagen«, hält Ex-Le-Mans-Sieger Jürgen Barth fest. »Nur noch die beiden Traghebel und Lagerbügel, die Hinterachswelle, Kegelrad und das Gehäuse für das Ausgleichsgetriebe stammen vom Volks-Mobil.« Äußerlich fallen beispielsweise höher gelegte Scheinwerfer auf, die auch einen eleganteren Kotflügelverlauf ergeben. Die Stoßfänger liegen vorn um 95, hinten um 105 Millimeter höher und sind an ihren Enden weiter um die Karosserie herumgezogen. Zur besseren Kühlung der neuen Leichtmetall-Trommelbremsen zeigt die Frontschürze zwei ovale Lufteinlässe. Innen erhält das

Lenkrad eine versenkte Nabe. Ein Heizkanal-Verbindungsrohr mit Ausströmöffnung hält die Heckscheibe beschlagfrei. In diesem Jahr entstehen 1320 Coupés, 468 Cabriolets und 561 Roadster des Typs 356 B.

Alexander Arnold Constantine Issigonis, so heißt der griechischstämmige britische Staatsbürger, Konstrukteur des Mini, mit vollem Namen. Die Issigonis-Zelle, wie sie von seinen Stammtechnikern spöttisch genannt wird, trifft sich stets im selben Restaurant und tüftelt, wie denn ein künftiger Kleinwagen nach dem Schrecken der Suez-Krise und der resultierenden Energieverteuerung aussehen könne. Daraus entsteht denn auch

Ein junges Paar bewundert das brandneue 1959er Cadillac Coupé.

die Sage, der Mini sei auf einer Serviette entstanden. Heraus kommt 1959 jener Quasi-Kubus auf Zehn-Zoll-Rädern fast ohne Karosserieüberhang, wenig mehr als drei Meter lang, aber mit vier Sitzen, einem 848 cm^3 kleinen Vierzylindermotor, der im selben Öl schwimmt wie das Getriebe, und ungewohnter Gummifederung. In storchenschnabelmäßiger Vergrößerung wird sein späterer Münchner Marken-Eigner und Hersteller damit fröhliche Urständ feiern. Ein weiteres singulär englisches Produkt, der Land Rover, erhält als Serie II einen um 0,3 auf 2,3 Liter Hubraum vergrößerten Motor, der nun bei 4250 U/min 77 PS leistet. Das als »Boneshaker« berüchtigte ebenso wie heißgeliebte Gefährt ist als zweitüriger Pick-Up mit Plane sowie als zwei- oder viertüriger Station Wagon zu haben. Mit 50 km/h überquert ein britisches Luftkissenfahrzeug den Ärmelkanal.

In Italien löst der Fiat 1800 den sieben Jahre lang gebauten 1400 ab. Den von Entwicklungsdirektor Dante Giacosa als polysphärisch bezeichneten Zylinderkopf hat der frühere Ferrari-Chefkonstrukteur Aurelio Lampredi aus dem Schnitt von drei Kugeloberflächen herausgearbeitet. Der bei Fiat entwickelten Karosserie gab schließlich Pininfarina den letzten Schliff. Dante Giacosa auf die Frage, warum das Frontende des 1800 denn so schroff abgehackt gestaltet worden sei: »In Italien ist der für den Verkehr und für das Parken zur Verfügung stehende Raum noch kleiner als in anderen Ländern. Deshalb können sich um wenige Zentimeter kleinere Abmessungen als nützlich herausstellen.« Eine längere und profiliertere Form der Motorhaube hätte es erlaubt, bessere aerodynamische Eigenschaften zu erzielen, aber Raumbedarf und Gewicht wären zu hoch gewesen. Lancia stellt die dritte und letzte Serie der Appia vor, die sich durch eine neu gestaltete Motorhaube von ihrer Vorgängerin unterscheidet und durch einen horizontalen Kühlergrill anstelle des traditionellen Lancia-Schildes. Von Zagato erscheint die bulligste aller Flaminia-Varianten, die Flaminia Sport.

Frankreich beginnt mit Ölbohrungen in der Sahara. Dazu passt der schon im Vorjahr lancierte 2 CV Sahara mit seinem zweiten 425-cm^3-Motor im Heck, der die Hinterräder antreibt. Roger Gloor schreibt in seinem Werk »Nachkriegswagen«: »Jeder der beiden – zusammen gegen 30 PS leistenden – Motoren konnte auch einzeln eingesetzt werden. Das Reserverad thronte nun auf der (vorderen) Motorhaube.« Citroën ergänzt sein Programm aber vor allem durch einen fünftürigen Kombi auf der Basis der ID 19 mit bemerkenswert großem Innenraum. Renault indessen brilliert mit einer sportlich-eleganten Ableitung seiner Erfolgslimousine Dauphine. Die bildhübsche Renault Floride hat Pietro Frua gezeichnet. Es gibt sie als dreisitziges Coupé wie auch als Cabriolet mit Stoffverdeck und Aufsetzdach. In den USA wird die Floride unter dem Namen Caravelle ein großer Erfolg. Dabei bringt sie ihr 845-cm^3-Motor mit 40 PS bei 5000 U/min gerade einmal auf 125 km/h.

Der Sage nach entsteht der Mini im Restaurant auf einer Serviette

Die Ford-Werke in Köln berauben den Taunus 12M seiner Weltkugel, die seit jeher die Mitte seiner Fronthaube ziert. Stattdessen, erinnert Joachim Kuch in seinem Buch »Seit 1925 Ford in Deutschland«, kürt Ford das Kölner Wappen zum Emblem seiner Automobile. »Ein großer breiter Chromgrill mit eingelassenen Blinkern, die chrom-verkleideten C-Säulen, die Panorama-Heckscheibe und das flachere Dach« treffen den Geschmack dieser Zeit, und der Prospekt verspricht: »So reisen moderne Menschen«. Und Hanns-Peter Rosellen erinnert in seinem Buch »Ford-Schritte« an die ersten Experimente mit Kunststoffzahnriemen zum Nockenwellenantrieb, den die Continental-Reifenwerke seit dem Vorjahr entwickeln. Ford-Entwickler Jules A. Gutzeit lässt »die Motoren zweier Taunus 15M auf eine oben liegende Nockenwelle und Nockenwellenantrieb per Riemen umbauen und fortan im Versuchsbetrieb fahren.« Im Juli sind beide Wagen eine Strecke von 156 000 Kilometer gelaufen – ohne Reparaturen.

Derweil freut sich in Dearborn die Ford Division der Ford Motor Company, ihren Erzrivalen Chevrolet wieder eingeholt zu haben. 1958 hatte die GM-Marke noch 154 515 Autos mehr produziert als Ford, nun aber ist der Vorsprung auf knapp über 11 000 Fahrzeuge zusammengeschmolzen. Dies hat General Motors der Styling-Abteilung von Chevrolet unter Harley Earl zuzuschreiben. Was die fürs Modelljahr 1959 geschaffen hat, übersteigt sogar die Geschmackstoleranz des amerikanischen Publikums. Die Heckflossen dieses Jahrgangs sind die gewaltigsten, die ein Serienauto jemals zeigte. Während sich die Front dieser Chevys noch als relativ zurückhaltend bezeichnen lässt, erscheint das Heck wie aus einer anderen Welt. Als »Hubschrauber-Landeplatz« wird es von Designern anderer Marken verspottet. Während die US-amerikanische Automobilindustrie »neue« Modelle vornehmlich durch neue Karosserien auf alter Technik kreiert, sind die Wissenschaftler und Ingenieure des Landes freilich auch zu Bemerkenswerterem fähig. So stellen die USA zum Beispiel das erste Handelsschiff mit Atomantrieb in Dienst.

Austin Mini mit dem Gepäckberg, der angeblich außer der Familie in den Issigonis-Winzling passen soll ...

1960: Das erste deutsches Automobil mit Luftfederung ist ein Borgward, NSU präsentiert seine Wankelmotoren, US-Autos werden als »Unsafe at any Speed« verschrieen

Das Kraftfahrtbundesamt in Flensburg teilt Rekordzahlen der Motorisierung in der Bundesrepublik mit. Am 1. Januar seien 7,33 Millionen Autos und 2,37 Millionen Krafträder zugelassen gewesen. Die Zahl der Straßenbahnunternehmen hingegen sei im Vorjahr um fünf auf 60 zurückgegangen, die Streckenlänge um 80 auf 2880 Kilometer, die Zahl der Fahrgäste um 3,7 Prozent auf 2,665 Milliarden.

Am 19. Januar stellt NSU im Kongresssaal des Deutschen Museums, berichtet H.C. Graf von Seherr-Thoss, den Wankel-Motor im Betrieb vor, und zwar in zwei Ausführungen mit Kammervolumina von 125 und 250 Kubikzentimeter. Der kleinere leistet 26 PS bei 11 000 U/min, der größere 44 PS bei 9000 U/min. Der spezifische Verbrauch beträgt laut NSU 270 und 300 Gramm pro PS-Stunde. Verschiedene Motoren hätten schon 100-Stunden-Läufe absolviert.

Den Stand der konventionellen Motorentechnik in deutschen Personenwagen katalogisiert Seherr-Thoss so: Frontantrieb haben DKW, Hansa und Lloyd, Heckmotoren treiben BMW 600 und 700 an, FMR, Glas, NSU, Porsche und VW. Zweitakter knattern in DKW, FMR und Glas Goggomobil, luftgekühlt sind BMW 600 und 700, FMR, Glas, Lloyd 600 und Alexander, NSU, Porsche und VW. Boxermotoren mit zwei Zylindern werkeln in BMW 600 und 700 sowie im Glas Isar, mit vier Zylindern in Hansa, Lloyd Arabella, Porsche und VW. Nur BMW bietet V8-Motoren an, und zwar, Kontrastprogramm zu den eigenen Kleinwagen, im Barockengel 502 sowie in den Schönheiten 503 und 507. Die Tagesproduktion des kleinen BMW 700 beträgt im April 155 Einheiten.

Daimler-Benz installiert in Sindelfingen seinen ersten eigenen Windkanal. Dank wachsender Verwendung von Leichtmetallen,

Sonntag, 11. Oktober 1953
NEUE JLLUSTRIERTE
NEUE
JLLUSTRIERTE
Essener
mußma

Presse-Geschichte. Damals gibt's noch »Neue Illustrierte« und »Quick«.

vor allem im Motor, und von Kunststoffen sowie steigenden Motorleistungen sinkt zunehmend das Leistungsgewicht der Automobile in kg/PS. Parkierungsschäden können abnehmen: Dem Ford 17M werden als erstem deutschen Auto senkrechte Gummischienen auf den Stoßfänger-Hörnern verpasst. Sein Motor leistet wahlweise 55 oder 60 PS, ausreichend für 130 oder 135 km/h.

Noch bevor der »Große Borgward« P 100 mit 2,3-Liter-Sechszylindermotor und 100 PS in Serie geht, als Prototyp auf der vorjährigen Frankfurter IAA vorgestellt, zeigt ihn Borgward auf dem Brüsseler Salon im Januar 1960 als erstes deutsches Automobil mit Luftfederung, in Zusammenarbeit mit Phoenix Firestone und Bosch entwickelt. Die nächste Borgward-Überraschung ist die Hansamatic: das auf der englischen Hobbs-Mecha-Matic basierende Viergang-Automatikgetriebe besteht aus einem Planetengetriebe, zwei hydraulisch betätigten Reibungskupplungen und drei Bremsen. Dank dieser mechanischen Kraftübertragung arbeitet es ohne Leistungsverlust.
Der BMW-Aufsichtsrat wählt am 12. Februar Dr. Johannes Semler zum Vorsitzenden. Ein Jahr später beruft ihn der SPD-Senat der Hansestadt Bremen zum »Sanierer« der Borgward-Gruppe, über die Semler, von BMW bezahlt, den Daumen senkt. Am 29. Februar um 23:41 Uhr zerstört ein Erdbeben die Marokkanische Stadt Agadir dermaßen gründlich, dass tags drauf kein Automobil mehr eine befahrbare Straße findet.

Zu den fetteren US-Schlitten zählt der Oldsmobile Dynamic 88, der wie seine Schwestermodelle einen vorzeitlichen Kastenrahmen mit X-Traversen trägt und von einem 6,1-Liter-V8-Motor mit Zweifachvergaser (maximal 243 SAE-PS bei 4400 U/min) bis auf 175 km/h beschleunigt wird. »Es kann nicht einmal als sehr aussichtsreich gelten,« zitiert die »FAZ« am 15. Februar ein Aperçu

Schon in den späten Fünfzigerjahren kommt es auf Deutschlands Autobahnen zu Staus, hier auf der A9 nahe München in Höhe Hofoldinger Forst. Der Isetta-Fahrer ist's leid und benutzt die Einfahrt zur Ausfahrt.

von Horst Kasper, »im winterlichen Ernstfall einem Rudel Wölfe vom verfolgten Schlitten aus zuzurufen, es käme noch ein anderer Schlitten.« Roger Gloor in »Alle Autos der 60er Jahre«: »1960 wurde die Skala der Chevrolet vom Corvair angeführt, einer der ungewöhnlichsten amerikanischen Autokonstruktionen der Nachkriegszeit«. Sein vorbildlich klares und einfaches Design steht in krassem Gegensatz zum üblichen US-Styling, und seine Technik mit luftgekühltem Sechszylinder-Leichtmetall-Heckmotor sprengt ebenfalls jede US-Tradition. Allerdings hat General Motors beim Chevrolet Corvair nicht wie dazumal Renault bei der Entwicklung des 4 CV die Möglichkeit, den alten Professor Porsche zur Abgewöhnung der Übersteuertendenz heranzuziehen. Verstärkt wohl auch durch die bescheidenen Fahrpraktiken amerikanischer Autolenker, massieren sich die Fälle von Fahrzeugen, die von ihrem Heck überholt werden, und gießen Öl aufs Feuer des amerikanischen »Verbraucherschützers« Ralph Nader. Nach dessen Meinung sind US-Autos »unsafe at any speed«. Allerdings auch unser früherer Kollege Frank Gotta erfahren, dass zum Beispiel ein Oldsmobile bei forcierter Kurvenfahrt nach rechts schon mal mit dem linken Kotflügel den Asphalt touchiert.

Die Volkswagenwerk GmbH in Wolfsburg wird am 22. August in eine Aktiengesellschaft umgewandelt

Lufthansa fliegt seit März erstmals mit Düsenmaschinen (Boeing 707-420) von Frankfurt nach New York. In Vorentscheidungen im Mai haben sich die europäischen Verkehrsminister in Paris für Lkw auf 15,5 Meter Länge, zehn Tonnen auf der Antriebsachse und 32 Tonnen Gesamtgewicht geeinigt. Zum Mordprozess um den Tod der berühmtesten Mercedes 190 SL-Fahrerin, Rosemarie Nitribitt, schreibt der »Berliner Tagesspiegel« am 14. Juli: »Dieser Prozeß ... war für den Nitribitt-Mythos eine kalte Dusche ... Aus dem erpresserischen blonden Supervamp mit den Tonbandschlingen wurde eine bestempfohlene Dirne mit dem Reifestand eines Fürsorgezöglings ... Geblieben freilich ist ein unaufgeklärter Kriminalfall.«

Opel präsentiert im August den Rekord P2, dessen Technik im Vergleich zum Vorgängermodell zwar weitestgehend unverändert bleibt, der aber 8,5 Zentimeter länger ausgefallen ist und, so Roger Gloor, »dank Wegfall der Panoramascheiben und des kubischer geformten Aufbaus« stattlicher wirkt und »zudem weit weniger als eine Verkleinerung amerikanischer ›Straßenkreuzer‹«. Und der Opel Kapitän wird ab Dezember mit dem automatischen Hydramatic-Getriebe aus Amerika lieferbar.
Die Volkswagenwerk GmbH in Wolfsburg wird am 22. August in eine Aktiengesellschaft umgewandelt. Seit 1956 hat sie ihre Tagesproduktion von 1564 auf 4000 Autos gesteigert. Mitte Juni traf bereits der 500 000. VW-Käfer in den USA ein.

Sir Philip Warter, ein hoher Beamter und gut informierter Vertreter der britischen Verkehrsbehörde, sagt laut »Springer-Auslandsdienst« im September voraus, dass die Regierung in London den Bau eines Kanaltunnels ablehnen werde.

Bundesverkehrsminister Seebohm, republikweit bekannt als Banddurchschneider zur Freigabe neuer Autobahnstrecken, kündigt am 7. September bei der Eröffnung der vierten IFMA in Frankfurt am Main an, dass nach der Verwirklichung des Straßenausbauplanes 30 Prozent aller Bundesstraßen von Radwegen flankiert sein würden. Das sei auch nötig, weil es bereits 20 Millionen Zweiräder in der Bundesrepublik gebe.

Lancia, damals noch selbständige italienische Prestigemarke, brilliert auf dem herbstlichen Turiner Automobilsalon mit der Flavia, dem langerwarteten zwischen Appia und Flaminia positionierten Modell. Ihre Doppelscheinwerfer-Karosserie löst zwar keine Begeisterungsstürme aus. Eher die Technik. Ihr Leichtmetall-Boxermotor von 1,5 Liter Hubraum mit zwei untenliegenden Nockenwellen, halbkugelförmigen Brennräumen und Doppelvergaser leistet bei der Verdichtung von 8,3:1 beachtliche 78 PS bei 5200 U/min. Alle vier Räder verfügen über Dunlop-Scheibenbremsen in getrennten Kreisläufen.

Die Amphicar Corporation, New York, und die Industriewerke Karlsruhe AG (Vorstandschef Dipl.-Ing. Harald Quandt) unterzeichnen einen Vertrag zur Lieferung des vom Kleinwagenspezialisten Hans Trippel entwickelten Schwimmwagens »Amphicar«.

Elvis Presley führt seit dem 28. November mit »Are you lonesome tonight« die amerikanischen Charts an

Als »Abwehrmaßnahme gegen westdeutsche und westberliner Revanchepolitiker« bezeichnet der Ministerrat der SBZ das ab 9. September null Uhr geltende Einreiseverbot für Bundesbürger. Am 9. November wird John Fitzgerald Kennedy zum Präsidenten der USA gewählt.

Skodas stärkstes Standbein ist der Octavia mit den Versionen 1,1 und 1,2 Liter sowie den kräftigeren Zwei-Vergaser-Motoren im

Felix Wankel mit seiner genialen Erfindung, dem Wankelmotor, hier einem 29-PS-Versuchsexemplar.

Octavia Touring Sport und dem auch im Westen begehrten vier-, notfalls sogar fünfsitzigen Cabriolet Felicia. Ihre Technik beruht einheitlich auf einem Zentralrohrrahmen, einer Vorderrad-Aufhängung mit Trapez-Dreiecksquerlenker und Schraubenfedern sowie einer hinteren Pendelachse mit oberer Querblattfeder. Der erste Gang des Viergang-Getriebes ist nicht synchronisiert, und geschaltet wird am Lenkrad.

Elvis Presley führt seit dem 28. November mit »Are you lonesome tonight« die Top Ten der amerikanischen Pop-Liste an, und Steyr-Puch lanciert zum Jahresende den 700 C mit der dreitürigen Kombikarosserie des Fiat 500 Giardiniera. Der 25 PS leistende 643-cm^3-Boxermotor, das vollsynchronisierte Vierganggetriebe und die Hinterradführung stammen jedoch aus der eigenen österreichischen Entwicklung und Produktion.

Volvo, ursprünglich auf den skandinavischen Markt konzentriert, besitzt bereits 1960 »international den Ruf, besonders robuste, zuverlässige und leistungsfähige Wagen herzustellen«, erinnert sich Altmeister Gloor. Ende des Jahres läuft die Produktion des schon im Mai vorgestellten Sportcoupés P1800 mit 1,8-Liter-Motor und 100 PS an. Die 9,5:1 verdichtete, fünffach gelagerte Zwei-Vergaser-Maschine verfügt im neu entworfenen Zylinderkopf über einzeln geführte Ansaugkanäle. Und schon damals stattet Volvo seine Autos mit vorderen Sitzgurten aus.

Etwas mehr passive Sicherheit spendiert auch VW seinen Kunden. Ein schüsselförmiges »Sicherheitslenkrad« zum Beispiel soll bei Frontalzusammenstößen Brustverletzungen der Fahrer mildern, Druckknöpfe an den Türen statt Klappgriffen Fußgängerschäden reduzieren.

1960

Die russische Automobilindustrie orientiert sich schon 30 Jahre vor Ende der Sowjetunion westlich und bemüht sich, zum Beispiel ihren Wolga, Modell der gehobenen Mittelklasse der 1932 gegründeten GAZ in Gorki, ehemals Nishni Nowgorod, exportreifen zu lassen. Seit dem Vorjahr wird der 2,5-Liter-Vierzylinder auch mit Automatikgetriebe mit hydraulischem Drehmomentwandler und Dreigang-Planetengetriebe geliefert sowie nun auch als fünftüriger Kombi. In Belgien montierten Wolgas wird auf Wunsch auch ein 1,6-Liter-Perkins-Diesel implantiert – laut und schwachbrüstig, aber sparsam. Ostblock-Besucher lernen den Wolga als sympathisches Taxi kennen und verstehen die Notwendigkeit seiner soliden Bauweise, wenn dem Fahrer zum Beispiel in Moskau einmal der perfekte Slalom um die Schlaglöcher misslingt.

Des Bundeswirtschaftsministers (und späteren Kanzlers) Ludwig Erhard »Soziale Marktwirtschaft« hat nicht nur das Wirtschaftswunder der Fünfzigerjahre gefördert, sondern tendenziell auch den Rest des Jahrtausends in Deutschland geprägt. Vom fleißigen Wunderschaffen zum langsam, aber deutlich wachsenden Genussstreben wird sich die Stimmung in den Sechzigerjahren wandeln, auch in der Modellpolitik der internationalen Automobilwelt. Stilistische und Format-Auswüchse à la US-Straßenkreuzer vermeidet freilich die europäische Industrie ...

Vor der Kindergeburtstagsfeierheimfahrt wird abgezählt, wie viele in Papas Opel passen: wenn fünf reingehen, gehen auch sechs rein, wenn sechs, dann auch sieben, wenn sieben, dann auch acht ...

Aber bitte mit Sahne: Ob diese drei beim Kaffeeklatsch schon von Udo träumen, obwohl sie altersmäßig bekannterweise nicht in sein Beuteschema passen?